看懂線圖
新手也能
輕鬆賺外匯

田向宏行／著

陳識中／譯

不依賴「運氣」或「預測」！從「價格變化」學會解讀圖表的技術

此次有幸完成我個人的第三本著作，加上合著為第六本的外匯投資書，真的非常感謝大家。因為受到許多個人投資者，以及正打算開始接觸外匯投資的初學者的支持，雖然稱不上爆紅，但我的讀者就像我的投資方法一樣，也正慢慢地增加、擴散，內心的感謝之情難以言表。

我雖然是個人投資者，卻有機會能像這樣撰寫文章，不時還能上電視。然而，我的本業終究是外匯保證金等金融商品的投資運用，並靠這些投資的收益為生。

平時有在關注我的推特（@maru3rd）、部落格（虹色FX），或是有訂閱西原宏一先生的電子郵件雜誌的讀者應該都知道，年過半百之後，我現在每週有一半的時間都在打網球，過著相當悠閒的生活。明明是專業投資人，卻不需要每天通勤，過著相對自由的生活，不過當然也須承擔相應的風險。

例如，我無法像在大企業或公家機關工作的人一樣有老人年金可以領，必須一直持續投資，增加資產才行。換言之，未來我也必須持續投資並產生收益。

想靠投資生活並累積資產，不能像賭博一樣把一切賭在運氣上。唯有以穩健的方式一點一點地累積獲利才行。

實際上，我當初會開始接觸外匯投資，並非因為具有什麼特別的才能。就跟其他很多人一樣，我也經歷過許多失敗，有時甚至只差一步就要退場。

　　即使如此，在學會了「適切的圖表分析技術」之後，我漸漸獲得了穩定的收益，而那份技術是任何人只要想學就能學會的。

　　在本書中，我將以右圖的流程為各位介紹這項技術。

　　一旦學會分析圖表的技術，以日線圖為例，就能像我在前作中所介紹的，每天只需查看幾次圖表便可進行交易。這是因為我們可以提早預知進場時機，掛出限價單，而且該筆交易的停損價格一開始就確定了，所以下單之後可以放著不理。如此一來，不僅可以自由地去打網球，對於兼職者來說也能專心從事本業。

　　外匯投資是一種照著規矩來玩，即便有時候會賠錢，但總得來看還是會賺錢的遊戲。很多人都是因為不曉得這個基本道理而賠錢的。所以我才根據自己作為個人投資者的反省和經驗，寫了前作《1日2回のチャートチェックで手堅く勝てる兼業FX（暫譯：1天確認2次圖表就能穩定獲利的兼職外匯投資法）》（自由國民社）。

　　不只是外匯投資，所謂的「市場」也包括了股票市場、期貨市場、債券市場，以及最近很熱門的虛擬貨幣市場等等。而日本江戶時代的堂島米市場，則被認為是世界上最早的衍生性金融商品市場。而我認為這種從江戶時代累積至今的智慧，正是市場交易的基本。

　　實際上，這個概念也是全世界各種金融市場的交易基本，如果不曉得這個基本，想在市場上獲利恐怕很困難吧。但話說回來，很多剛開始接觸外匯投資的個人投資者，都是在不知道這個基本的情況下進場的。我也是其中一人。結果就是有時賠錢、有時賺錢，單純靠「運氣」決定勝負。不過只要是成年人，任誰都知道「幸運」不會永遠持

外匯投資＝技術

投資外匯要賺錢	➡	與市場多數派為伍

- 在採用槓桿交易的外匯保證金市場，順勢而行才是王道
- 空方多方誰為大，圖表都會告訴你

圖表分析	➡	找出多數派的工具

- 理解高點和低點的意義
- 箱型整理是多空攻防的表徵

交易順序	➡	鎖定箱型突破

- 趨勢就是連續的箱型突破
- 箱型突破就是進場的時機
- 箱型的相反側＝趨勢轉換點就是獲利了結的時機
- 運用限價單建立操作戰略

續。所以靠「運氣」投資，總有一天還是會賠掉資金的。

用自己的方法分析經濟指標或各種消息，並憑著自己的預測來投資，像坐雲霄飛車一樣上上下下，或許也是外匯投資的樂趣之一。不過，我是靠這個（投資）吃飯的，所以總是專注於追求利潤，不會去做其他多餘的事。

日本的股市，依賴於日本的經濟和日本的社會。然而外匯投資是以各國的貨幣為投資對象，不受日本的經濟影響。此外，外匯市場是24小時全年無休的，不論身在世界的哪個角落都能進行買賣。

從個人收益的角度來看，外匯市場也具有很大的可能性。希望本書能夠幫助各位讀者邁出獲利的第一步，並協助大家建立第二個收入來源。

2018年10月

田向宏行

目　錄

PART **3** 搭上市場贏家便車的
圖表解讀法

PART**4** 從實際圖表洞悉
價格波動的交易方法

PART **5** 型態分析：另一種重視
價格波動的高精度方法

PART

不懂圖表分析的技術
就無法獲利

我們這些個人投資者想靠外匯獲利，學習分析圖表的技術，跟隨客觀的事實進行買賣，乃是最好的方式。第一章將為各位講解圖表分析的基礎部分。

想靠外匯投資賺錢，必須按部就班學習技術

▋外匯交易員「不存在」教育系統

　　我剛開始從事外匯投資時，請教過一位在外資銀行上班、擔任外匯交易員的老朋友。但他沒有教過我任何有關交易的訣竅，無論問什麼他都叫我自己試試看。於是我好奇地問他，他以前在銀行是接受怎樣的教育訓練。我原本以為，全球知名的大型外資銀行應該擁有非常嚴謹的教育系統或交易方法的know-how，並用這些方法在培育交易員才對。

　　然而，現實卻跟我想像的不一樣。

　　沒想到，外資銀行根本不存在外匯交易員的教育系統。 而且不只是我那位朋友工作的銀行，我問了好幾位後來才認識，在不同外資銀行工作過的前外資交易員，也都得到相同的答案：根本「不存在」那種東西。

▋新手交易員與個人投資者的差異只在於部位管理

　　那麼，身為專家中的專家，這些銀行的外匯交易員是如何獨當一面地完成交易呢？

　　答案就是「OJT」。

　　所謂的OJT（On-the-Job Training），如同字面上的意思，就是由上司或資深員工透過日常的工作教導新進的員工。一開始先擔任前輩的助手，簡單說就是「打雜的」，然後從旁邊觀察交易軟體的用法、應該在何種時機進行交易、如何留下單據等等，慢慢學習工作的

窺門。

　　經過一段時間之後，這些新手交易員就會在前輩們的一句「換你試試看」下，被送進外匯的戰場，開始進行實戰。

　　對於這種粗糙、類似學徒制的做法，我一方面感到驚訝，同時也覺得交易部門在金融機構中似乎是個很不一樣的部門。

　　這種方式跟我們這些個人投資者開始學習外匯的途徑，基本上沒有兩樣。在某種意義上可說是完全不懂市場價格就進場了。然而我們這些個人投資者跟銀行的新手交易員有一個很大的差異，那就是銀行交易員握有的部位（倉），主要是由上司或資深交易員負責管理的。新人的手上不會握有大部位，失敗的部位也會被強制砍掉。換言之，雖然新人必須自己摸索、學習交易，但犯下的錯誤都會被強制矯正。這一點跟我們這些個人投資者非常不同。不會發生狠不下心停損的問題，**所有虧損的部位都會被強制平倉**。而**接受失敗的事實是非常重要的投資心態**。

▌交易哲學必須自己想出來

　　而在交易中犯錯或失敗的新人，由於這就是他們的工作，因此也不得不拚命一邊在市場上學習，一邊累積經驗。在外資銀行，要是拿不出成果就會失去容身之處，分不到紅利。我想身為新手的他們與市場相處的時間，肯定比我們這些個人投資者多得多。

　　我聽完他們的敘述之後，才知道在金融交易和投資的領域，就連把投資當成本業的專業金融機構也沒有建立所謂的教育方法。如此想來，便能理解為何市面上很難找到有體系的投資教科書了。而從這點來看，或許交易的方法最終還是**得由自己思考、建立**。

　　銀行的新手交易員跟我們這些個人投資者的差異，只在於**有無上司幫忙管理資金，以及個人的目的意識**。反過來說，只要補足這兩點，業餘的個人投資者也有機會在市場上存活下來。

個人投資者沒有OJT

在學校教育和體育、語言等領域，都已建立起一般性的教育方法（method）。例如算數的話，首先就是從「加法」、「減法」學起。然後再以加法和減法為基礎，學習「乘法」和「除法」，再進到「方程式」，甚至是「微積分」，這當中存在一個明確的學習階段，可以一步步掌握更高階的思考方式和計算方法，學會新的技術。

而在體育和語言的領域，也存在可以判斷學習者學到哪種程度、等級的方法，像是網球學校和英語學校，一般在剛入學時都會進行能力測試，評估要把學生分到何種程度的班。

在外匯保證金交易和金融交易的領域，並不存在這類教育方法和技術等級的評斷標準與辨別方法。

我認為，這就是為什麼很多人明明才剛開始外匯投資，就去模仿專業投資者進行魯莽的交易，導致8成到9成投資股票或外匯的人都在初期就退場的原因。

第一步先從瞭解外匯保證金交易的本質開始

17頁的圖是外匯投資技術的學習金字塔圖。**這是我根據自身的經驗和對其他個人投資者的觀察，整理出從哪些技術開始學習可以最有效率地成長，並在市場上存活下來的結果。**

一如圖中所示，首先瞭解外匯保證金交易的本質是最重要的。因為外匯是對賭型的投資，所以不適合逆勢操作，而且資金的管理非常重要，如果不知道其投機的特性、實效槓桿的重要性等外匯的本質，便無法獲利。這是一切的基礎，如果不瞭解這些就貿然持有部位，總有一天會賠光光。

由於銀行的新人不會貿然持有部位，因此至少可以存活一年。又因為是工作，所以於公於私都會拚命地學習基礎知識。他們的這種目的意識，跟抱著隨便的態度開始外匯投資的個人投資者完全不一樣。

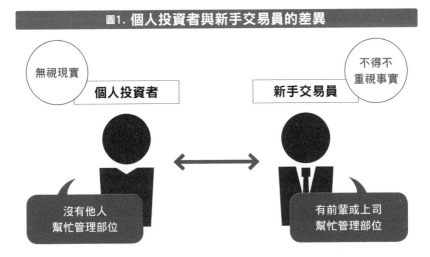

兩者沒有資歷和技術上的差異，不同之處只在於手上握有的部位是否受到管理。新手交易員的錯誤會被強制修正，可以慢慢學習在市場中活下來的方法。

一如我在入門書中也提過的，10個人就有10種外匯投資的獲利方法。所以這世上也有小學生的投資者。然而，失敗者都是因為犯下相同的錯誤而退場。那就是不瞭解「基本」，加上個人投資者沒有任何可以透過OJT學習的對象。

▎第二重要的是市場的價格變化

在這個基礎上，第二重要的則是市場的價格變化。**大部分的人都會跳過這一步，直接去學習更高階的技術指標和基本分析。但這對投資技術的成長來說，反而是繞遠路。**道理十分簡單，就像算數時，在沒有搞懂演算過程就一味地往前，結果沒弄懂跳過的部分就會在中途卡住。

雖然這些內容會在本書的第二階段「價格變化、圖表分析」部分

詳細解說，不過在那之前我會先幫助大家簡單地理解，並以此作為大前提，用簡明易懂的方式講解外匯保證金交易的基本、透過外匯獲利需要學習什麼、哪些東西應該放到後面再來學，也就是向大家提出位於金字塔底層，最基本的思考方式和態度。

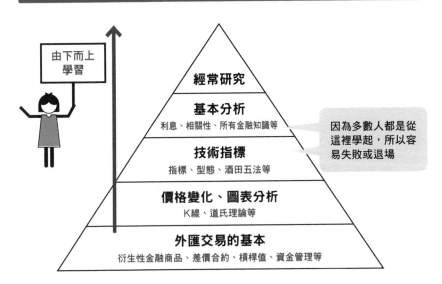

圖2. 外匯投資技術的學習金字塔

由下而上
學習

經常研究

基本分析
利息、相關性、所有金融知識等

技術指標
指標、型態、酒田五法等

價格變化、圖表分析
K線、道氏理論等

外匯交易的基本
衍生性金融商品、差價合約、槓桿值、資金管理等

因為多數人都是從
這裡學起，所以容
易失敗或退場

這裡是
重點！

❶ 不懂「基本」的話就容易失去資金
❷ 外匯投資技術需要階段性地學習

投資是一門
技術愈熟練
賺得愈快的學問

▍無論任何人都能隨時使用的才叫「技術」

我認為,「外匯投資是一種技術」。

從圖表分析市場動向的圖表分析,只要學會了基礎,任誰都能隨時拿出來用,並靠這門技術獲利。

想學會一門新技術,首先必須累積基礎知識和經驗。這點無論是體育、語言、料理,或是外匯投資都是一樣的。不過很多人都在鞏固基礎的階段就遭到淘汰。

抱著「總之先試試看!」心態的人,常常忽略基礎,只是模仿其他人的做法,但很少人能透過這種方法獲得進步。想掌握一定程度的技術是需要時間的。耐不住性子,沒打好基礎就去接觸新東西的人,最後通常都會碰得灰頭土臉,心灰意冷地從市場上消失。換言之,能夠耐著性子學習技術的人很少。

各位不妨思考看看。

- ●假如一個新人來做你現在的工作,請問他需要多少時間才能做得跟你一樣好?
- ●假如公司內其他部門的人調來接替你的業務,請問他需要多少時間才能獨當一面?
- ●一個學生需要花多少時間苦讀,才能考上頂尖大學?

不論何種領域的知識,都非一朝一夕就能學會的。現在對我們而

言易如反掌的事情，都是靠著過去的努力和經驗累積起來的。

而外匯投資的技術，並非只要花時間就能有所成長和進步。因為剛開始什麼都不懂，經驗也不夠。**就像小嬰兒有一天突然開口說話，每個人在跳起來之前必須先蹲下一樣，在看到成果之前必須先經歷一段準備期。**

▍勞動者與投資者的價值觀差異

學習新投資技術的修行過程會遭遇很多失敗，資產也很難有穩定的增長。許多剛開始從事外匯投資的人，之所以在學習技術的過程半途而廢，都是因為抱有收益和資產會與自己付出的時間成正比增加的幻想。在一開始的階段，付出很多卻一無所獲是很常見的情況。

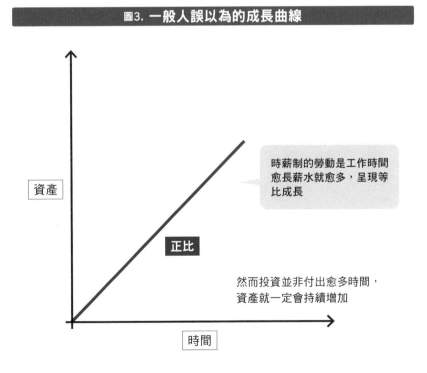

圖3. 一般人誤以為的成長曲線

資產

正比

時薪制的勞動是工作時間愈長薪水就愈多，呈現等比成長

然而投資並非付出愈多時間，資產就一定會持續增加

時間

所以**剛開始時請務必用最小的手數進行交易**，否則資金很快就會用完。

接下來我會用一個概念圖來解釋。

如圖3所示，認為技術和資產會隨著付出的時間而增加，這種用勞動時間換取對等報酬的想法是勞動者的觀念。他們認為只要付出勞力，就能獲得相應的酬勞。然而投資並不是這麼回事。必須從人的成長來思考。

▋ 投資的成長曲線是加速度的

投資在初期需要付出大量的時間練習和學習。然而一旦學會了技術，收益自然就會增加。如果看不到收益提升，就代表你還沒有學會投資的技術。

投資的美妙之處就在於「**讓金錢為你工作**」。

當自己的交易模式和操作技術變得熟練之後，資產就會成長得愈來愈快。因為外匯保證金交易可以使用槓桿，所以只要具備了技術，再來只要提高資金使用效率，便能像圖4一樣擴增資產。

圖4. **實際的成長曲線**

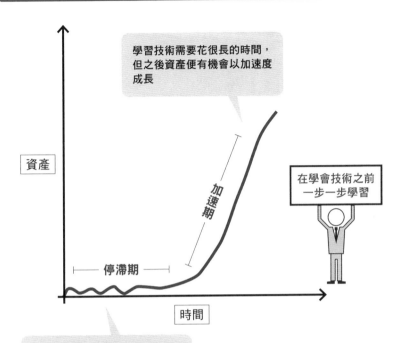

學習技術需要花很長的時間，但之後資產便有機會以加速度成長

在學會技術之前一步一步學習

資產

加速期

停滯期

時間

萬一在停滯期鬼迷心竅亂出手，結果只會變成繞遠路。重要的是不斷重複相同的練習，記住技術

這裡是重點！

❶ 學會交易技術需要時間
❷ 只要掌握了技術，資產便可加速度成長

具備交易技術，
投資才不會
變賭博

▎沒有技術就會變成即興交易

運用技術分析的交易技術，只要按照適當的步驟學習，任何人都能學會。所以我前面才會舉小學生投資者的例子。**只要掌握了技術，便可提高投資成功的機率，這是十分合理的做法。只要在市場顯示機會來臨時進場，便有一定的機率可以獲利。**

相反地，缺乏技術的話又會如何呢？如果沒有技術，就很容易憑當時的感覺進行買賣。而這種買賣是毫無根據的。這種投資方式不論持續多久，都無法形成泛用度高的技術。

2017年年底，在日本藝人出川哲朗的電視廣告播映之下，虛擬貨幣逐漸嶄露頭角。加上虛擬貨幣交易所出包的新聞，大眾也開始關注虛擬貨幣的存在，因數年前購買的小額比特幣升值，因而成為億萬富翁的「一億人」這個詞也忽然流行起來。

「既然有人賺到錢，那我應該也賺得到吧」、「說不定只要買進長抱（buy and hold）就能賺到大錢」，諸如此類的想法根本毫無根據，只是憑著一時的感覺在交易，實際上跟賭博沒兩樣。

▎比起一次的好運，長久的獲利更重要

外匯交易也跟虛擬貨幣一樣，隨著價格的起起伏伏，有些人會從中獲利，有些人則會蒙受損失。因此，一般人很容易產生誤解，認為「只要賭漲或跌就對了」，而一口氣全押在其中一方（也就是賭博）。這都是因為他們不懂得交易的技術。具備「外匯投資技術」

圖5. 靠豪賭獲利者的資產成長曲線

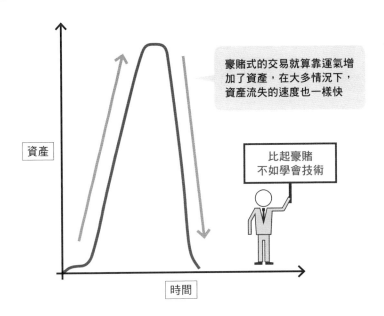

豪賭式的交易就算靠運氣增加了資產，在大多情況下，資產流失的速度也一樣快

資產

比起豪賭
不如學會技術

時間

（可用外匯獲得穩定收益）的人，絕對不會貿然承擔不必要的風險。去押「是漲是跌」，也就是獲勝機率只有50％的賭局，想賺到錢恐怕難如登天。

在推特或是其他社群網站上，偶爾會看到一些利用全槓桿「賭上一切」，然後一口氣賺到好幾倍的人。看到這類貼文的時候，總會讓人產生「說不定下一個就是我」的想法。但各位是否想過，自己成為下一個幸運兒的機率到底有多少？悲慘地賠掉全部家當的機率恐怕遠大得多。

從事這種豪賭式交易的人，就算是運氣好的人，其資產成長曲線也會像圖5這樣。**很可惜，「好運」是不會永遠持續的。**比起賭一次的運氣，不如學會可以穩定獲利的「技術」，長期來看反而可以賺到更多錢。

想賺錢
不要當分析師，
而要成為交易者

FX

Section

4

▎不要只是學，而要「徹底」理解

前面我們說明了幾個開始學習外匯技術前的基本觀念。基於技術分析的交易技術，不論任何人都學得會，而且能夠以此獲利。我身邊在市場上活下來、成功靠外匯獲利的個人投資者，也都是以技術分析為主。

而且只需懂得一種技術分析法，就算是小學生也有可能賺到錢，這點我在過去的著作和雜誌連載文章上也介紹過了。

其中的重點在於，**「徹底」理解之後去實際操作。持續使用一種技術指標，累積經驗，記錄下自己的交易歷史，藉以熟練那種指標的用法。**能做到這點的人就可以在弱肉強食的外匯市場中活下來，而無法堅持下去的人就會被淘汰。

▎看「型錄式」的解說書沒有幫助

技術指標的種類很多，因此市面上也存在許多專門介紹外匯技術分析，或是介紹作者個人技術作風的書籍。再加上部落格、影片等各種網路上的資訊，與技術分析有關的資訊可說是多得目不暇給。**這種時候，一般人很容易陷入不知道該聽誰的，該用哪種技術指標的選擇困難。**我想，大半個人投資者都曾因為選項太多而無法取得最適合的資訊。

我自己過去也曾買過幾本技術分析的書籍來學習。這些書的共通之處，就是會解說各種基本的技術分析原理和用法。解說的方式或難

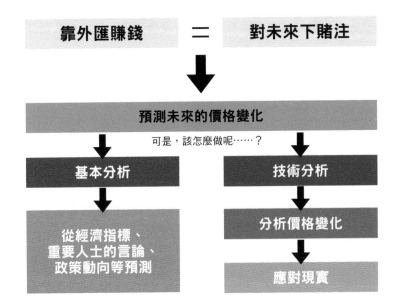

圖6. 用外匯獲利的具體方法

靠外匯賺錢 ＝ 對未來下賭注

預測未來的價格變化

可是，該怎麼做呢……？

基本分析　　技術分析

從經濟指標、
重要人士的言論、
政策動向等預測

分析價格變化

應對現實

或易，有的會附上豐富的圖表，有的只有文字解說，表現方式形形色
色，內容大體就是技術指標的型錄。

但是，這種書並不實用。

會賺錢的投資者關注「價格變化」

原因非常簡單，因為這些書都沒有明確地告訴讀者「該用哪個才
好」。對初學者和不知道技術分析基本的人而言，他們只能理解不同
技術指標表面上的差異。只有少數書籍有提到技術分析的本質。

這類「技術指標的型錄」通常會網羅各種技術指標的計算公式、
特徵和用法，對於以成為「技術分析師」為目標，或是想考取技術分
析師資格的人，應該十分適用。但我認為它們並不適合以賺錢為目的
的投資者。我自己讀過很多這類書籍，雖然從裡面學到了很多技術分

析的知識，卻沒有因此掌握市場變化的本質。

　　直到我開始關注本書介紹的「價格變化」之後，才第一次想通了技術分析的本質和概念，以及自己為什麼會失敗，又為什麼會成功。

　　價格變化是所有技術指標的根本。無法靈活運用技術指標、不知道該如何判斷的時候，只要重新回去認識「根本」，將能更好地理解市場。

　　在本章的開頭，我們講解了基礎的概念，這是外匯投資技術的學習金字塔中未被納入的部分，從下一章開始，我們將進入技術性的說明，正式介紹技術分析。然而，比起技術分析，更重要的是牢記本章所介紹的觀念，相信這將有助於各位理解接下來要講解的技術。

這裡是重點！

❶ 徹底精通至少一種技術分析
❷ 技術分析的型錄式解說書對投資者沒有意義

正確解讀圖表
的步驟

只憑拉出一條橫線，在橫線上做記號，好一眼看出「大概價格」，是沒有參考價值的。要找出正確的價格，就必須從運用圖表繪製軟體確定「某個價格」開始。

重新思考
圖表的意義

▌ 圖表分析就跟讀書一樣，重要的是「讀進去」

接下來，我們將要進入技術分析的主題，講解有關運用技術分析進行交易的方法。

其中最重要的就是「縝密」地閱讀。 追蹤圖表上的價格變化，就像仔細分析一本書中的一字一句。把自己當成夏洛克‧福爾摩斯，仔細地反覆檢視每一條線索，如此便可提升交易的技術。

▌ 技術圖表在個人電腦普及之前都是用手畫的

那麼，接著我想請各位想想，圖表究竟是什麼呢？

在個人電腦尚未普及，還沒有PC、平板電腦、智慧型手機等工具可以隨時查閱圖表或技術指標的1990年之前，投資人只能使用一種名叫價格板（圖1）的工具。價格板上只有用文字和數字表示的賣價（BID）與買價（ASK）等資訊，不像現在用分析工具繪製出的圖表，上面有各種線條和數據等豐富的視覺化資訊。

當時的銀行和基金的交易員，都必須自己用手繪製日線圖。因為是用手畫的，所以不像現在可以製作即時的技術指標。甚至連即時的價格圖都沒辦法看，只能根據前一天的日線圖來進行操作。而且因為是手繪的圖表，當然也無法簡單地更換時間軸。在某種意義上，算是步調非常悠閒緩慢的時代。在這樣的時空背景下，當時決定勝敗的往往是基本面和供需資訊。

那個時代的交易者在習性方面，比起技術面更重視基本面。因

圖1. 標示賣價與買價的價格板

	Bid	Ask	Spread	Change	BidOpen	BidHigh	AskLow	買Swap	賣Swap
美元／日圓	110.684	110.687	0.3	-0.378	111.062	111.168	110.516	65	-75
歐元／日圓	126.347	126.352	0.5	-1.678	128.025	128.108	126.198	-17	7
歐元／美元	1.14150	1.14154	0.4	-0.01102	1.15252	1.15361	1.14138	-95	85
澳幣／日圓	80.861	80.868	0.7	-1.016	81.877	81.990	80.758	41	-51
紐幣／日圓	73.130	73.142	1.2	-0.306	73.436	73.557	72.907	43	-53
英鎊／日圓	▼ 141.398	▼ 141.408	1.0	-1.006	142.406	142.566	140.954	29	-39
瑞士法郎／日圓	111.266	111.284	1.8	-0.483	111.749	111.822	111.127	-29	19
加幣／日圓	84.447	84.464	1.7	-0.637	85.084	85.184	84.423	34	-44
英鎊／美元	1.27734	1.27744	1.0	-0.00460	1.28194	1.28356	1.27241	-55	45
澳幣／美元	0.73053	0.73062	0.9	-0.00643	0.73690	0.73788	0.72816	-8	-2
紐幣／美元	0.66062	0.66078	1.6	-0.00010	0.66081	0.66215	0.65706	0	-10
歐元／英鎊	0.89352	0.89362	1.0	-0.00470	0.89831	0.89915	0.89295	-47	37
歐元／澳幣	1.56242	1.56257	1.5	-0.00035	1.56277	1.57014	1.56087	-84	74
美元／瑞士法郎	▲ 0.99463	▲ 0.99473	1.6	0.00153	0.99310	0.99735	0.99303	87	-97
歐元／瑞士法郎	1.13545	1.13563	1.8	-0.00953	1.14505	1.14604	1.13464	9	-19
英鎊／瑞士法郎	▼ 1.27050	▼ 1.27078	2.8	-0.00305	1.27355	1.27696	1.26516	59	-69
澳幣／瑞士法郎	▼ 0.72642	▼ 0.72672	3.0	-0.00560	0.73202	0.73298	0.72502	57	-67

來源：YJFX

為，當時的環境根本無從學習或使用技術分析。

▍當所有人都能隨時取得資訊後，比的就是技術

我們這些個人投資者跟當年的專業投資人相比，可說是幸運得多。過去只能從價格板上得到的價格波動資訊，現在不僅隨時可以查到，還能自動畫成圖表；需要複雜計算的技術指標，也只要按幾個按鈕就能叫出來。時間軸也只需點一下便能切換。而且功能如此豐富的圖表系統，在電車上用單手就能叫出來看，甚至在國外或飛機上也能進行交易。**如此一來，剩下的就看交易者的技術了。**

只要瞭解K線，
就不會依賴
視覺和直覺

▌K線中藏著通往獲利的資訊

提到線圖，我想絕大多數人用的應該都是K線圖。除了K線圖之外，在國外也有人使用美國線（Bar Chart，又稱為柱線圖），但本書將以K線圖為主。

首先，請大家想想K線到底顯示了什麼資訊。**單純把K線當成價格變動的軌跡，跟抱著「K線中藏著致富資訊」，並藉此想像K線中隱藏的市場動態，光是如此，從圖表上讀出的資訊就很不一樣。**這是交易者的意識問題。大家不妨回想一下，在金融機構上班的菜鳥跟個人投資者的差別。

▌一條線上可以找到「4種價格」

K線所顯示的是一段固定時間之內的價格變化。日線就是24小時，1小時線就是1小時，我們可以從K線看出這段時間內價格從哪裡開始（開盤價），上漲到哪裡（最高價），下跌到哪裡（最低價），以及最後變成什麼價格（收盤價）。

這4種價格（**開盤價＝Open、最高價＝High、最低價＝Low、收盤價＝Close**）就稱為「K線四值」。

K線的四值如同圖2所示，由開盤價和收盤價的相對位置決定是**陽線或陰線**。順帶一提，在日本大多把陽線畫成白色或紅色，陰線則畫成黑色或綠色，但在國外白黑順序雖然相同，紅綠的順序卻相反。也就是綠色代表陽線，紅色代表陰線。而我用的也是外國的版本。

圖2. K線顯示的4種價格

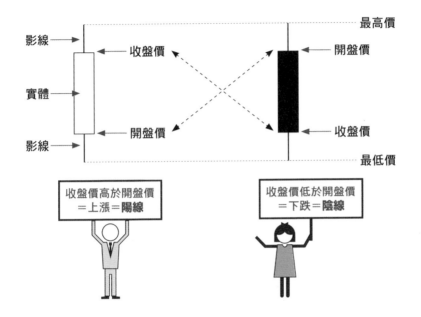

K線四值和陽線、陰線乃是基本中的基本。如果你是直到今天才知道的話，代表你有關外匯投資的基礎知識還十分缺乏，現階段要理解本書的內容可能會有點困難。或許先回頭學習基本的部分再回來看這本書比較好。

請大家回想一下第一章開頭介紹的金字塔。如果連地基的部分都還沒打好，就直接去學上層的內容，最後也只是浪費時間繞遠路。請捨棄虛榮心，從入門書開始重新念一遍，如此不但不會有任何損失，往後成長的速度也比較快。

▋ 沒有清一色陰線或陽線的圖表

K線的優點之一，就是能一眼看出是陽線或陰線。線圖上連續的陽線就代表上升，連續的陰線就代表下跌，一目瞭然。就算是初學者

圖3. 判斷買進或賣出時，容易讓人產生迷惘的圖表

美元兌日圓　日線　2018年2月

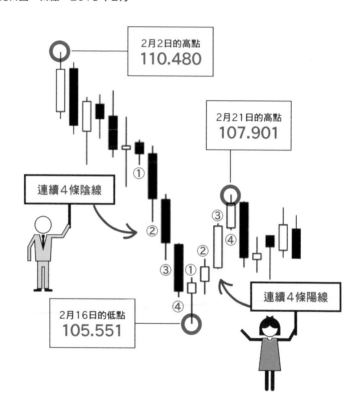

2月2日的高點
110.480

2月21日的高點
107.901

連續4條陰線

① ②

③ ④

連續4條陽線

① ②

③ ④

2月16日的低點
105.551

也能憑視覺和直覺理解。**然而現實的價格變化並非總是像教科書上那樣簡潔易懂。現實中的價格變化更為複雜。而書籍和部落格上的知識與現實的落差，正是個人投資者最容易感到困惑的地方之一。**

█ 瞭解K線的意義，就能減少判斷的迷惘

讓我們來看實際的圖表。圖3是2018年2月美元兌日圓日線圖的一部分。2月2日的價格雖然以陽線來到高點，但隔天卻是陰線。

陰線出現之後，儘管價格持續往下，卻偶爾還是會出現陽線，仍不習慣分析圖表的人很容易被弄昏頭。**現實中的線圖很少單純只有陰線或陽線。**本例中連續的陰線最多只出現4條，反彈後的陽線最多也同樣是4條。

觀察此時的動向，因為2月2日是陽線，代表收盤價比開盤價高，價格是上揚的。高點雖然達到110.480，但隔天（正確來說是隔週一的2月5日）卻是下跌的陰線。收盤價比開盤價低，價格沒能超越2月2日的高點110.480，低點也被刷新，價格開始徐徐往下。

隨後，這個下跌的動向愈來愈明顯，陰線出現的次數遠多於陽線，一直跌到了2月16日的低點105.551，下跌了約5日圓。2個禮拜左右下跌了5日圓，對於一整年只有10日圓變動幅度的美元兌日圓來說是很大的變動。明明是跌了5日圓的強烈波動，中途卻還偶爾冒出陽線，相信有些人便會開始猶豫，到底應該賣出才好，或者應該見縫買進。

而在2月2日的高點賣出的人，可能也會被下跌途中出現的陽線迷惑，對於該不該繼續持有賣倉感到惶惶不安。又或者在下跌途中的陽線處建立了買倉，結果馬上便出現虧損。

會在這種時候不知如何是好，就是依賴視覺和直覺進行買賣的最大證據。

而如果瞭解K線的意義，就會對市場有個基本的判斷基準，可以減少猶豫的情況，提升判斷的精準度。

這裡是
重點！

❶K線會顯示出4種價格（K線四值）
❷學習K線的意義可提升交易的精準度

「價格變化」是
所有分析的基礎

█ 外匯市場的資料只有「價格變化」

外匯市場與股市決定性的差異，在於**外匯市場不存在全市場的管理者**。股市所有的買賣都是透過證券交易商，所以除了最後成交的價格，包含交易者的下單情況、下單量，以及最後的成交量等資訊都可以取得。**另一方面，外匯交易是直接議價交易。不存在交易所，也沒有可掌握所有交易情形的組織。**現實中到底有多少筆交易成交，誰也無法掌握確切的數字。當然也沒人知道正確的成交量。所以也不像股市那樣可以看到實際的買賣單數量。

如此一來，外匯市場上唯一的資料就只有「**價格變化**」。所以，無論哪種技術指標，不論計算公式有多大的差異、時間向度有何不同，一定都是根據價格變化算出的結果。無法從交易量和波動性來製作技術指標。

█ 不懂技術就無法善用工具

不熟悉外匯投資的人，經常以為只要觀察某種特殊的技術指標就能穩賺不賠，或是模仿知名人士的交易手法就一定能賺錢。同理，以為只要讀一遍本書就能理解價格變化和技術分析，然後開始獲利，這種想法都太過樂觀了。用常識來思考，沒有人可以只讀完一本書就變成高手。

即使運用相同的「工具」，若不具備使用那項工具的「技術」，就不可能得到相同的成果。賠錢的時候，不應該認為是「自己使用的

技術分析（工具）有問題」，而應該反省「自己的技術分析技能（實力）不足」，否則永遠都不可能獲利。

與其浪費時間和金錢尋找最強最好用的技術指標（俗稱尋找「聖杯」），不如長時間鑽研一種技術指標，完全搞懂它，對於交易技術的成長更有幫助。

以移動平均線為首，技術指標的種類五花八門，但它們的基礎都是價格變化，所以一定要先確實瞭解其中的原理。

第一步是正確地掌握價格

▌ 許多個人投資者在第一步就錯了

無論是K線圖或美國線，**我都不建議各位在圖表上直接顯示技術指標，輕易去依賴視覺資訊**。一如我們在第一章的金字塔解釋過的，這麼做是本末倒置。

首先應該要理解圖表的基礎，也就是價格變化，然後再使用技術指標作為輔助。

很多剛開始接觸外匯交易的個人投資者（包含我在內），第一步都是先學習技術指標。例如移動平均線、一目均衡表、布林通道等，不管是哪一種，總之就是想先瞭解技術指標。

這或許是因為我們在尋找市場變化的原因、思考該如何從中獲利時，都會自然而然被引導到各種運用技術指標的交易方法。不過，這麼做就跟想用基本分析進行交易一樣，個人投資者往往不知道該從哪裡開始下手。初學者一邊自己蒐集資訊，一邊東聽西聽，恐怕很難進步吧。

▌ 多數的個人投資者都沒有掌握正確的價格

由於參與電郵雜誌的製作，以及像這樣寫書出版的緣故，我在各種講座和交流會上接觸過很多個人投資者，並有機會跟他們聊天。而在跟他們聊天的過程中，我意外地發現很多人在交易時都「**沒有掌握正確的價格**」。

在進行技術分析的時候，這是一個很嚴重的問題。

圖4. 比起觀察圖表更優先的事

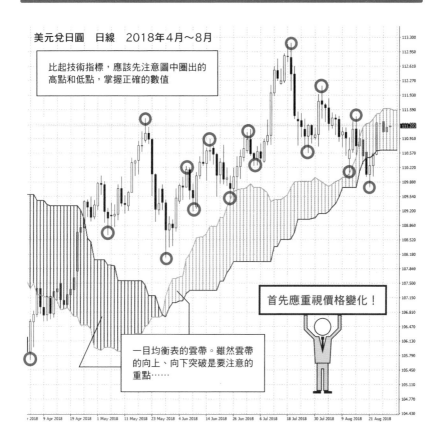

美元兌日圓　日線　2018年4月～8月

比起技術指標，應該先注意圖中圈出的
高點和低點，掌握正確的數值

一目均衡表的雲帶。雖然雲帶
的向上、向下突破是要注意的
重點……

首先應重視價格變化！

連K線的價格都沒有仔細看清楚，就代表根本沒有確實掌握價格
的變化。就算沒有掌握精準的價格變動，使用移動平均線和一目均衡
表等技術指標時，也會用線條和雲帶提示出應該注意哪些地方。

然而個人投資者往往只看到圖表表面的視覺訊息，從不瞭解技術
指標背後的計算公式，也不去瞭解**反映了市場真實的價格變化數據**。
而不瞭解正確的價格，在分析市場動向的時候，將很容易掉入陷阱。

從K線四值
找出正確的價格

▌光畫橫罫線是不夠的

那麼，所謂「正確的價格」，到底是指哪種價格呢？很多人為了掌握K線四值而會在圖表上顯示橫罫線，對準K線的上下緣來檢查價格。但這是錯誤的。**原因在於，就算你以為自己已經正確地對準了K線的上下緣，也不過是目視的標準而已。**軟體提供的畫線工具，並沒辦法表示得那麼精準。

尋找正確的價格時，為了分毫不差地取得市場的即時價格，用目視是非常不妥當的。

▌K線四值在任何工具中都能直接顯示

為此，讓我們來看看圖2的「K線四值」吧。養成檢查K線四值的習慣，乃是圖表分析的基本。

表示方式隨各家外匯公司的系統而異，但基本上只要透過設定，皆可隨時顯示在圖表上，或是將游標移上去時，則可顯示出該條K線的四值。詳細的部分請詢問你所選擇的外匯公司。

本書選用的是YJFX的圖表工具，接下來將以MT4 CHART進行解說。

要在MT4的軟體上顯示K線四值，只需要在線圖上按下滑鼠右鍵，然後依序選擇「property」→「全部」→「顯示K線四值」即可（圖5）。

然後，在MT4 CHART的左上方，在貨幣對的名稱旁邊，便可

圖5. 如何在畫面上顯示Ｋ線四值

| 顏色設定 | 全部 |

- ☐ 離線圖表
- ☐ 將圖表示在最前
- ☐ 圖表向右移動
- ☐ 圖表自動捲動

- ☐ 將比例固定為 1：1
- ☐ 固定比例
  - 115.240 設定上限
  - 104.380 設定下限

- ○ 美國線
- ● Ｋ線圖
- ○ 折線圖

- ☑ 顯示 Ｋ線四值
- ☐ 顯示 Ask 線
- ☐ 顯示期間切換
- ☐ 顯示輔助線
- ☐ 顯示成交量
- ☐ 顯示輔助線說明文字

在MT4 CHART上按下滑鼠右鍵，或是點按畫面上方的「chart」，然後依序點選「property」→「全部」，即可叫出上面的控制頁。

看到開盤價、最高價、最低價、收盤價。圖6為美元兌日圓的日線圖，本圖擷取的是2018年8月13日（週一）的日線四值。不過，由於此時仍是日本時間的晚上9點，日線尚未完成。換言之，雖然開盤價已經確定了，但剩下的最高價、最低價、收盤價都還未確定，只顯示了目前的價格。當然，把游標移動到前一條8月10日（週五）的日線上，就能看到已經確定的8月10日的Ｋ線四值。

▌有時即使看起來一樣，價格仍存在些微差異

這4個價格之所以很重要，**主要是如圖7所示，有時候光看Ｋ線本身，最高價和最低價看起來會像是一樣的。**這種時候，光憑陰線或陽線並無法判斷市場會繼續上升還是轉跌，必須進一步確認細微的數字。而如果忽略了這個步驟，有時就會錯過風向轉換的徵兆。**一旦風向轉換，運氣不好的話就會導致損失一口氣擴大，所以正確掌握這類風險是非常重要的。**

粗略的視覺上的技術指標並無法給出答案，為了進行細微卻重要

圖6. K線四值的標示位置

美元兌日圓 日線 2018年7月～8月

此處依序表示出Open（開盤價）、High（最高價）、Low（最低價）、Close（收盤價）4種價格

的判斷，養成檢查K線四值的習慣，將是運用圖表分析獲利的基礎。

重視0.1點（pips）的差異

順帶一提，圖7美元兌日圓日線圖的K線四值，2018年4月25日和4月26日的最高價乍看好像相同，但25日的最高價是109.452日圓，26日的最高價是109.473日圓。兩者雖然只差了2.1點，但26日的價格更高一些。因此屬於高點刷新，可判斷未來往上升的可能性較高。

另外，4月27日和隔週一的4月29日也是一樣，27日的最低價為108.979日圓，29日為109.020日圓，29日的最低價略高了4.1點，所以低點也在上升。29日的高點雖然沒有超越27日，但低

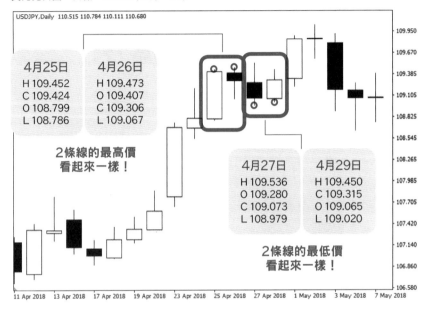

圖7. 即使價格看起來差不多……

美元兌日圓　日線　2018年4月～5月

USDJPY,Daily 110.515 110.784 110.111 110.680

4月25日
H 109.452
C 109.424
O 108.799
L 108.786

4月26日
H 109.473
O 109.407
C 109.306
L 109.067

2條線的最高價
看起來一樣！

4月27日
H 109.536
O 109.280
C 109.073
L 108.979

4月29日
H 109.450
C 109.315
O 109.065
L 109.020

2條線的最低價
看起來一樣！

點也沒有刷新，所以要留意下一根K線。**在現實的交易當中，這類差距還會更小，甚至有時候只差0.1點，而觀察這些細微的變動對於掌握價格變化是很重要的。因為，市場的價格變化是外匯市場上唯一的真實。**

這裡是重點！

❶ 即使價格看似相同，精確來看仍有差別
❷ 要注意0.1點的差異也會影響交易

Section

6

四值中
最重要的是
最高價和最低價

▌ 掌握高點和低點以建立戰略

認識K線四值，理解並掌握實際價格變化的重要性後，接著我們要來講解交易時應該重視四值中的哪些數值。

在技術分析中，一般以**最高價和最低價為重**。

這點與之後才會解說的道氏理論息息相關，因為要掌握市場的風向、依照價格變化建立交易戰略，就需要運用K線的高點和低點。

▌ 只有開盤價和收盤價無法進行具體的交易

如果把焦點放在K線四值的開盤價和收盤價，所有的K線可分為陰線和陽線2種。如果是陽線，意味著在該K線所代表的時段內，雖然價格有所起伏，但最終以上揚收尾，代表未來存在上升的可能性。陰線的情況則相反，可認為是下跌的徵兆。但是，光靠這點資訊是無法進行操作的。因為只看陰線、陽線，沒辦法判斷進場的時機和停損點要設在哪裡。如果「因為感覺有可能上漲就先買再說」，這和無憑無據的基本分析沒什麼兩樣，必須另外考慮資金要怎麼管理。

▌ 留意高點與低點的突破與否

請各位看看圖8，A的部分是一條陽線後的陰線。如果重視收盤價格而只看陰陽線，那麼此處下跌的可能性較高，但實際上市場卻沒有下跌。由於A的陰線是在超過陽線的高點後才下跌，因此這條線雖然是陰線，但過去延續至今的上升趨勢並沒有結束。

42

　　另外B的部分也跟A相同，陽線之後出現了陰線。然而，這一次卻真的往下走了。因為B部分的陰線沒有超越前一根陽線的高點。

　　這張圖表上的A和B雖然都是陽線後的陰線，結果卻完全相反。另一方面，如果從K線的高點和低點來看，則可得出突破前高時不會下跌，無法突破前高時則會下跌的結論。

　　由此來看，**比起決定陰陽線的開盤價和收盤價，留意最高價和最低價，對於預判未來的價格更為重要。**

圖8. 從高點和低點檢視過去至今的風向

美元兌日圓　日線

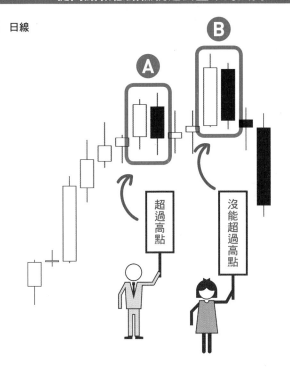

養成隨時檢查最高價和最低價的習慣

▌思考下一根K線可能的模樣

那麼，接下來讓我們用圖9的例子，來看看在具體的交易中，該如何檢查多條K線的高點和低點。

不過，很多人像這樣透過書籍或部落格上提供的圖例學習得很順利，但在現實中操作時依然不知道該從何觀察起。這也是投資人在技術分析的解說和現實中容易感到迷惘的部分。

實際交易所用的圖表是從過去一直延續到今天的。所以，讓我們在擷取一定程度的歷史變化後，把焦點放在最新一條K線出現的時間點上來思考吧。

圖9是美元兌日圓的價格變化（日線圖），時間為2014年8月15日至9月2日。8月15日的低點為102.139，開盤價為102.444；而9月2日的開盤價是104.340，高點為105.199，收盤價是105.061，從102日圓到105日圓，大約漲了3日圓左右。

▌從高點或低點的突破預想明天的價格

接下來讓我們開始進行演練。請各位想像自己身在2014年9月2日，而且是個每天都會檢查1～2次價格的投資者，然後預測看看未來的價格方向。

因為9月2日是陽線，單從陰陽線來判斷的話似乎會上揚，但還要考慮先前已經漲了約3日圓，況且前面也說過了，光從陰陽線來判

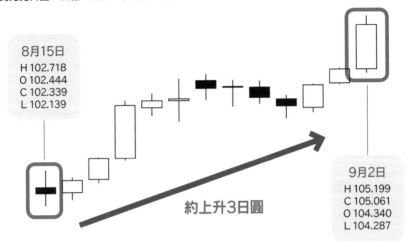

圖9. 仔細檢查高低點

美元兌日圓　日線　2014年8月～9日

8月15日
H 102.718
O 102.444
C 102.339
L 102.139

約上升3日圓

9月2日
H 105.199
C 105.061
O 104.340
L 104.287

斷並不準確。比起開盤價和收盤價，更應該注意高點和低點（下一頁圖10）。

　　從9月2日的價格變化已經確定的這個時間點，在推測未來的價格走勢時，應該注意高點和低點。也就是說，要藉由觀察105.199的高點是否被突破，或104.287的低點是否被跌破，來推測明天（9月3日）之後的動向。

▌早上起床第一件事先看看價格往哪邊突破

　　然後，到了隔天9月3日，早上睜開眼後第一件要注意的事，就是價格是往圖10上的前日高點還是低點突破。若向上突破則可判斷**「今天也會繼續上揚」**；若向下跌破便要開始考慮**「暫時先觀望一陣子」**。

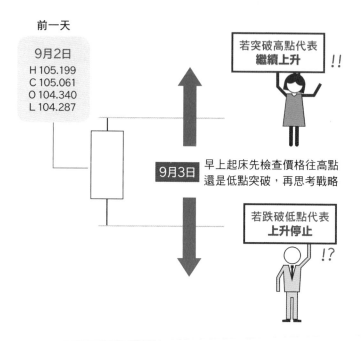

圖10. 第一天確認價格變化

前一天

9月2日
H 105.199
C 105.061
O 104.340
L 104.287

若突破高點代表
繼續上升 !!

9月3日

早上起床先檢查價格往高點
還是低點突破，再思考戰略

若跌破低點代表
上升停止
!?

▎找出從開盤價和收盤價無法發現的機會

圖11是圖10的後續。

結果，9月3日的價格雖然稍微突破了前日高點，最後卻以陰線作收。代表當天最後是下跌的。

在這種並非一鼓作氣往上爬的局面，K線四值就更顯得重要。若單看9月2日和3日這2條K線，可能會感覺價格大概不會再往上了，然而把4個值都比較一遍，便會發現9月3日的K線雖然是陰線，但最高價不僅刷新了高點，最低價也比前日低點高，撇開陰線、陽線的狀態不談，整體價格是往上升的。從這個角度來看，這條陰線也許反倒是進場做多的機會。

所以一如前面所舉的例子，此時重要的是最高價和最低價，而不

圖11. 第二天確認價格變化

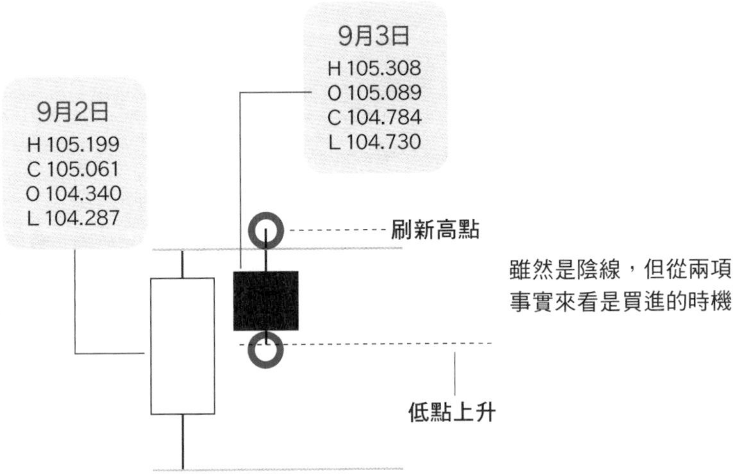

9月3日
H 105.308
O 105.089
C 104.784
L 104.730

9月2日
H 105.199
C 105.061
O 104.340
L 104.287

刷新高點

雖然是陰線，但從兩項
事實來看是買進的時機

低點上升

是開盤價和收盤價。

▌「雖然只有一點點仍刷新高點」的市場真實

　　觀察下一頁的圖12，到了9月4日，美元兌日圓的價格又再次刷新了高點。

　　當天的最高價雖然與前一天（9月3日）相差無幾，但比較K線四值，仍達到105.360，刷新了高點。104.741的低點價格也比3日的104.730略高，所以低點也在上升。

　　這個「雖然只有一點點仍刷新了高點」的「**事實**」，在分析市場走勢時是非常重要的。

　　外匯市場的參與者非常多樣，而且隨時都有巨額的資金在流動。就算價格只突破了一點點，也顯示市場正在往上走。

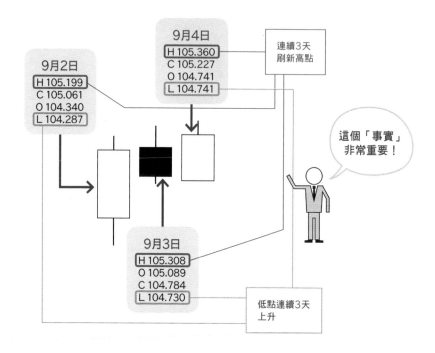

圖12. 第三天確認價格變化

9月4日
H 105.360
C 105.227
O 104.741
L 104.741

連續3天
刷新高點

9月2日
H 105.199
C 105.061
O 104.340
L 104.287

這個「事實」
非常重要！

9月3日
H 105.308
O 105.089
C 104.784
L 104.730

低點連續3天
上升

　　詳細的部分我們會在後面介紹道氏理論時進一步解說，各位只要先知道仔細檢查市場上每個價格變化的事實，有時可以決定你賺不賺得到錢。

　　仔細追蹤價格的變化，意味著每當一條新的K線出現時，我們就要去檢查和比較它與前一條K線的四值。若高點被刷新代表往上移動，若低點被更新則代表往下移動。

　　換言之，如果是日線圖的話，必須一天檢查好幾次圖表，看看價格有無突破高點或跌破低點。如果是1小時線的話，則必須在新的K線出現，亦即每個小時都得確認一次線圖。

　　這差不多等於整天都得守著圖表。想當然耳，若換成比1小時線更短的週期，就得每分每秒都盯著電腦螢幕了。

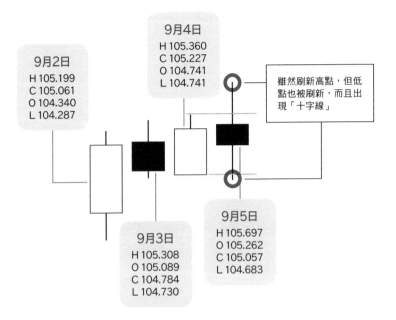

圖13. 第四天確認價格變化

9月2日
H 105.199
C 105.061
O 104.340
L 104.287

9月4日
H 105.360
C 105.227
O 104.741
L 104.741

雖然刷新高點，但低點也被刷新，而且出現「十字線」

9月3日
H 105.308
O 105.089
C 104.784
L 104.730

9月5日
H 105.697
O 105.262
C 105.057
L 104.683

另外，無時無刻盯著圖表這件事，就連專業的交易者都很難做到，而我當然也不會這麼做。

由於MT4 CHART擁有可在價格到達預先設定的位置時自動警告，發送郵件提醒的功能，因此只要事先做好相關設定，即使不用隨時盯著圖表，也可以立即得知價格是否突破前日高點，或是跌破前日的低點。

高點、低點同時刷新，代表方向不明確

接著來看圖13，第四條K線所在的9月5日，高點同樣超越了前日。9月4日的高點為105.360日圓，而9月5日的高點則是105.697日圓，刷新了高點。

然而再來看看最低價，低點也同樣被刷新，這是先前未曾看過的變化模式。9月4日的低點為104.741日圓，9月5日的低點則是104.683日圓，雖然只差了5.8點，但9月5日的低點確實更低。

價格變化的原則是

刷新高點＝向上移動
刷新低點＝向下移動

所以，9月5日的高點刷新顯示了價格會往上，低點刷新卻又暗示價格會往下。**換言之，這天美元兌日圓的價格不具明顯的方向，不確定會向上或向下。**

如此一來，就需要非常留意再隔天（正確來說是隔週一的9月8日）的K線四值。如果刷新了高點且低點也往上爬，表示將回歸上升趨勢。然而，如果沒能刷新高點，而是刷新了低點，則有非常高的可能性會轉跌。

9月5日的K線實體很短，而上下影線都很長，俗稱「**十字線**」，在酒田五法中屬於方向不明確時的訊號。尤其前一天的高點和低點都被突破，或是前一天的高低點都沒有被突破時，就是屬於方向不確定的市場。

而圖14的第五條K線，也就是隔了一個週末後的9月8日，美元兌日圓的K線四值刷新了高點，低點也往上升。結果，美元兌日圓的價格在上週五的9月5日雖然方向性很弱，但過了週末之後又重新回歸上升趨勢。

如上所述，有時只需檢查K線四值，即使不依賴移動平均線等技術指標，也可以看出市場的動態。

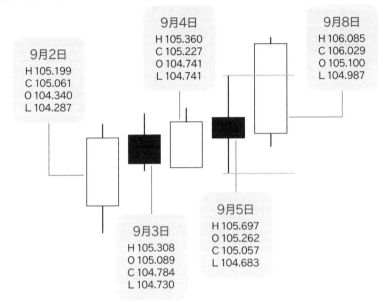

圖14. 第五天確認價格變化

美元兌日圓　日線　2014年9月2日～8日

9月2日
H 105.199
C 105.061
O 104.340
L 104.287

9月4日
H 105.360
C 105.227
O 104.741
L 104.741

9月8日
H 106.085
C 106.029
O 105.100
L 104.987

9月3日
H 105.308
O 105.089
C 104.784
L 104.730

9月5日
H 105.697
O 105.262
C 105.057
L 104.683

這裡是
重點！

❶ 起床第一件事：檢查是否發生高低點突破
❷ 單靠追蹤價格就能分析市場

結合2條K線
觀察型態

▌2條K線的組合就有4種型態

比起K線的陰陽，檢查高點和低點才是分析價格變化的基本，這個道理大家是否都明白了呢？**若把2條K線並排比較，全部又可顯示4種型態**，而這些型態乃是從多條K線分析價格變化的基礎。

圖15中的A、B、C、D就是上述的4種型態，這裡全部用陽線來表示，但一如前述，陰陽並不重要。K線組合與陰陽無關，重要的是高點和低點，以及與下一根K線的高低點的相對關係。

A是相對於前一條K線，高點刷新，低點也上升。顯示價格將往上變化。

B是相對於前一條K線，高點刷新，低點也刷新。刷新高點顯示價格將往上，但因為低點也刷新，代表價格將往下。換言之，在等到下一條K線突破高點或低點之前，並無法確定價格會往哪裡走。

C是相對於前一條K線，高點下移，且刷新低點。顯示價格將往下變化。

D是相對於前一條K線，高點沒有刷新，低點也沒有刷新。價格完全在前一條K線的範圍內變化，在等到前一條K線的高點或低點被突破之前，市場是不會有波動的。

換句話說，**相對於前一條K線，若只有高點刷新，則上升的可能性較高（A）；若只有低點刷新，則下跌的可能性較高（C）。** A和C不論是陰線還是陽線，都會顯示今後的價格方向。**另一方面，若高點**

和低點同時被突破（B），只能得知上下波動的幅度正在變大，無法確定移動方向。

　　這裡如果因為出現陰線就認定會向下，或因為是陽線就認定會向上，實在言之過早。一如前面所述，除非下一條K線屬於A或C的型態，否則無法推測未來的動向。而最後的型態D，因為高點和低點都沒有被突破，表示價格依然在前一根K線的高低點之間推移。所以第二條K線沒有任何意義，必須等待A或C出現，突破第一條K線的高點或低點。箱型整理就屬於這種型態。

　　說到這裡可能已經有人發現了，**型態A正是邁向上升趨勢的第一步，型態C則是邁向下跌趨勢的第一步。**而B和D則是整理型態，B的整理區間是第二條K線的最高價和最低價之間，而D則是第一條K線的最高價和最低價之間。

圖15. 2條K線的組合共有4種線形

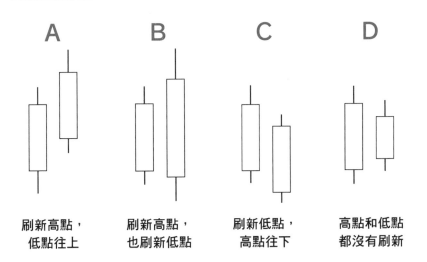

A　刷新高點，低點往上

B　刷新高點，也刷新低點

C　刷新低點，高點往下

D　高點和低點都沒有刷新

尋找成為
市場節點的
高低點

▍整理區間的頂部、底部是機會所在

至此為止，我們以相對單純的K線變化為例，解釋了檢查K線四值的重要性。比較2根以上的K線可以更容易預測未來的動態，也能更清楚掌握趨勢和箱型整理的狀態。

而接下來，我們將把注意力放在市場變化時的高點和低點。這是檢查完K線的四值和高低點之後的下一個階段，需要把多條K線放在一起思考。如此一來，**我們便可找出哪些高低點屬於市場流動的關鍵節點**。

在市場變化的過程中，有時價格會老是在相同的高點停止上揚，或是在相同的低點停止下跌。這種時候，便可認定該高點和低點為整理區間的頂部和底部。通常在這種狀況也會提到外匯期權、實際需求面的交易、基本面和市場情報等等。

然而嚴格來說，這個區間的頂部和底部價格並非完全固定，而是存在數點至幾十點的差異。這個差幅會隨著時間軸的單位而異。時間單位愈大則差幅愈大，時間單位愈小則差幅愈小。這種時候同時也是戰略上的機會所在，所以從平時就養成觀察K線圖的習慣非常重要。

如果能把這類變動也視為基礎知識學好，就不會被經濟學家和知名人士公布的那些來源不明的消息所惑，而能單純地依照市場真實的價格變化建立交易戰略。這也是為什麼學習圖表分析和交易技術會如此重要。

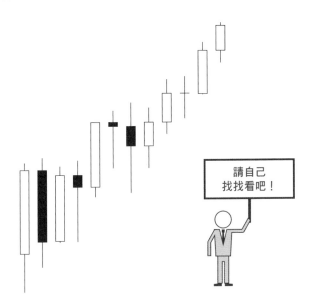

圖16. 3個高點分別在哪裡？

請自己
找找看吧！

▌試著自己尋找高點

首先請看圖16。圖上的價格雖然節節上升，但其中只有**3個區段高點**。眾多K線中可稱之為高點的，只有位置同時高於前後2根K線的線。像前面這種每條K線都比前一根更高、穩定上升的例子，在現實的市場上並非常態。

那麼，請各位自己試著在圖16上找出3個高點。

所謂高點的意思，就是**在價格突破新高後，緊接而來的K線並沒有繼續超過前面K線的最高價**。

在現實的交易當中，一如39頁以MT4為例時解說過的，必須正確地找出每根K線的四值，然後確實掌握並比較它們的最高價和最低價。不過，這裡的重點是要讓大家瞭解如何在不斷變化的價格中找出高點和低點，所以簡化了圖表，沒有寫出K線四值。

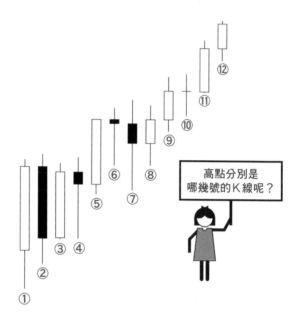

圖17. 為圖16的Ｋ線標上號碼

高點分別是
哪幾號的Ｋ線呢？

　　首先讓我們把圖表畫得更容易理解，替所有（12根）Ｋ線都標上號碼吧（圖17）。

　　觀察上方的圖表，如同前面不斷提及的觀點，雖然趨勢乍看之下是往上升，但上升的過程中並非只有陽線，也有出現陰線。然而整體市場走勢仍是往上，所以仔細檢查細微的價格變化非常重要，這點大家應該都已經理解了。

回溯過去的變化軌跡

　　那麼來看看解答吧。在前面的問題中，圖表上的3個區段高點，分別是下圖的Ａ、Ｂ、Ｃ，也就是Ｋ線②、⑦、⑫。這3條Ｋ線的最

圖18. 3個高點的解答

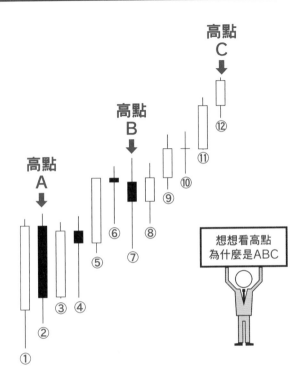

高點
C

高點
B

高點
A

想想看高點
為什麼是ABC

高價，便是這一連串上升趨勢的節點（圖18）。

然後一邊觀察圖18，一邊對照左側，也就是過去的價格軌跡，以①為起點，**線②刷新了前面的高點，低點也往上升。而線③並未刷新線②的高點。此時便可確定線②是第一個高點。**

線③那天的價格在線②的最高價和最低價之間遊走。換言之，就是前一節介紹的在前一根K線的範圍內變化的型態D（參照53頁）。

而線④雖然刷新了③的高點，卻沒有突破②的最高價。因此在④出現的時間點，高點依然在②的位置。

然後線⑤突破了A的高點。但⑤依然不是第二個高點，因為線⑥

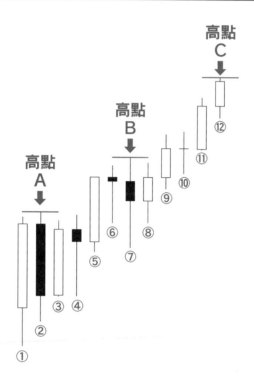

圖19. 為高點加上罫線

馬上又超越了⑤的高點。換言之，⑤和⑥屬於同一波上升的波動，在⑥刷新⑤的高點時，⑤就不可能成為這12條K線中的第二高價。**然後⑦又刷新了⑥的高點，顯示這波上升一直從⑤持續到⑦。然而，線⑧的最高價沒有超越⑦。**在這瞬間，便可確定⑦的最高價乃是這波趨勢中的第二個高點B。

接著線⑨超越了高點B，暫時坐上第三個高點的候補位置。但這裡也跟前面一樣，線⑩的高點馬上又超越了⑨，所以⑨也不是第三個高點。**然後這波高點的爬升一直持續到線⑫，而因為⑫是這張圖的最後一條K線，所以C就是第三個高點。**

▌掌握高點和低點，有助於理解道氏理論

在這波上升趨勢中的高點畫上罫線，就會變成如圖19所示。像這樣在K線的高點和低點畫上罫線或記號，可以幫助我們更容易找出市場的轉折點、回檔或停損點等位置。

在分析真實市場的價格變化時，一如上述，必須正確地掌握目前的高點（或低點）所在。最近的K線是否如C一樣是最近的高點？又或者高點像B或A那樣，位在過去的位置？透過四值的比較找出答案十分重要。

另外在比較數值的時候，即使價格只超過高點0.1點或跌破低點0.1點，不論價差再小，在分析價格時也要考慮進去。因為這0.1點的差距，有時就是市場風向改變的起點。

如上所述，在市場變化的過程中，如果知道高點和低點在哪裡，對於設定停損基準和限價單也很有幫助。

關於這部分，我們會在後面章節的道氏理論中說明。但如果沒有搞懂本節的內容，後面也會很難理解，所以請大家回想起第一章17頁介紹過的學習金字塔，好好消化吸收本節所學到的內容。

這裡是重點！

❶ 區段的高點一定比前後的K線更高
❷ 瞭解高點和低點，有助於設定停損基準和限價單

將K線群組化，便可同時在長時間軸上對照

市場不會為投資人著想

在前一節中，我們以12條K線為例，講解了如何尋找區段的高

圖20. 以4條一組來思考

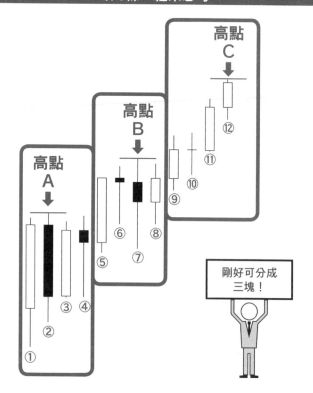

高點
C

高點
B

高點
A

剛好可分成三塊！

圖21. 注意高點和低點，等於同時檢查更長期的趨勢

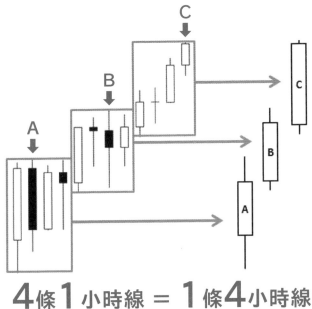

4條1小時線 = 1條4小時線

點。在分析圖表時，像這樣尋找變化中的高點（或低點）十分重要。關注高點或低點，在不斷推移的市場中找出它們的位置，便能隨心所欲地變換時間單位。

分析圖表時，各位要留意的第一件事就是：**K線和線圖的時間單位只是權宜方便之用，不應被那個時間單位綁死。**

從投資人的角度來觀察圖表時，雖然可以依照自己的需求切換時間單位，但那只是為了自己的方便，市場的實際變化並不是依照該時間單位變動的。

4條1小時線相加就是4小時線

那麼請記住這個觀念，繼續看圖20。這跟前一節的圖19是同一

張線圖。圖中的高點為Ａ、Ｂ、Ｃ，這點我們在57頁已經確認過了。

　　仔細觀察線圖的話，雖然只是巧合，但這張圖中的Ｋ線剛好可以拆成4條一組。

　　如果前一節的圖19為1小時線圖，那麼每4根Ｋ線合成一組的話，則每組Ｋ線就是一條4小時線。然後，以Ａ、Ｂ、Ｃ三組的第一條Ｋ線的開盤價為開盤價，以4條線中最高和最低的價格為最高價和最低價，並以第四條線的收盤價為收盤價，就能畫出圖21的3條4小時線了。

▌掌握風向便不會被眼前的價格所惑

　　像上述這樣把4條1小時線組合成一條Ｋ線之後，便可得出3條連續的4小時陽線，而且每條線都刷新前一條的高點，呈現節節上升的狀態。

　　此例中原本的Ｋ線為1小時線，且剛好每4條線中存在一個高點，這是很適合換算成4小時線來分析的例子，所以才以4小時來舉例。但原本的Ｋ線也可能是日線，又或者是4小時線。

　　無論如何，檢查區段中的高點，就等於在檢查更長時間跨度下的風向。**換言之，留意區段中的高點和低點，便能看見更長期的方向和動態。**而這在交易的過程中是非常重要的事情。

這裡是重點！

❶ 將多條Ｋ線合成一組即是更長期的Ｋ線
❷ 理解長期線的狀態，就不會在意一時的價格波動

PART

搭上市場贏家便車的
圖表解讀法

一旦理解了價格變化的原理,自然就會理解市場的轉折點。而成為
贏家的投資者當然都理解這個原理,並將此運用在自己的交易中。
本章我們將一邊檢視實際的圖表,一邊解說其原因。

第三章
要說明的內容

▌ 分析圖表的目的是為了找出多數派

我們在第二章認識了圖表分析中最基本的「K線四值」，並養成了檢查下一根K線是否刷新了當前高點或低點的習慣。同時用2條K線組成的線形，解釋了「檢查真實價格變化的重要性」。

而在確認了價格的變化之後，第二件事則是「找出市場的贏家（多數派）」。想搭上市場多數派的便車，就必須看出多數派究竟正在賣出還是買進。市場不會只存在買家或賣家。而圖表這項工具，正是用來找出買賣雙方誰才是多數，誰才具有主導市場的力量。

▌ 判斷整理區間和趨勢需要檢視價格

現在雖然存在移動平均線、一目均衡表、RSI和MACD等各種技術指標，但許多人都不知道更重要的是圖表的基礎，也就是價格變化的原理。當趨勢出現的時候，不論使用何種技術指標都有機會獲利，但如果不知道基本的原理，便很容易在箱型整理時犯錯，造成損失。損失一旦增加，收益當然就會減少，所以控制損失就跟提升獲利一樣重要。

如果無法正確看出那些不應跨入的市場，也就是箱型整理中的市場，就會在無謂的交易中平白損失。

第三章要說明的內容

● 在市場中成功獲利的人（贏家），進場的時機往往相同。

→**那就是跟隨多數派。**

● 如何找出多數派的方向？

→**檢查高點或低點的突破方向。**

● 為什麼高低點的突破方向＝多數派的方向呢？

→**因為所謂的箱型整理，就是賣方和買方在爭奪地盤。如果價格朝其中一方突破，代表其中一方的勢力取得了勝利，可推知突破的方向即是市場的多數派。**

● 交易時該注意什麼？

→**若從價格發現箱型的區間被突破就進場。因為我們已預先找出了箱型區間的頂部和底部，所以可在距離頂部和底部的不遠處預先設置限價單。不需要等到實際突破時才慌張地丟出市價單。**

● 建立部位後該做什麼？

→**因為我們早在箱型被突破之前，便於相反方向設好停損單，再來只要繼續追蹤價格，看看是否刷新高點或低點即可。**

　　在第三章中，為了學習分辨整理型態和趨勢，我們會以實際的圖表為例，透過更貼近真實交易的形式進行講解。

Section 2 靠外匯賺錢的訣竅 就是當牆頭草

▌市場勝利組的買賣時間點通常很接近

如同第一章外匯投資技術的學習金字塔（17頁）所示，唯有打好地基，然後按部就班地學習，才能學好交易的技術。沒有打好基礎就硬著頭皮去學技術分析，也學不到什麼東西。然而，每年都有很多人因為不曉得這座金字塔的存在，而從外匯市場上消失。

在外匯市場中獲利的人，也就是所謂的「勝利組」，雖然每個人使用的技術指標都不相同，但只要所用的時間單位一樣，幾乎都會做出相同的決策，選擇類似的貨幣對，在幾乎相同的時間點，往相同的方向交易。我自己也常常在社群網站上，看到身邊的朋友幾乎都在同一時間進行交易。簡單來說，**只要使用的時間單位相同，則獲利點也會一樣，所以贏家們都會在相同的位置進行交易。**

▌方向不一致時最好避免交易

如果你投資外匯的經歷很淺，而且身邊沒幾個有能力穩定獲利的朋友，或許可以嘗試訂閱付費的電郵雜誌或推特，仔細研究上面提供的資料。或者試著在幾個月內，同時購買數家付費的電郵雜誌，大概也會發現多數人都會在相同的時間點進行同樣的操作。不過，如果發現每家雜誌建議的操作方向都不一樣，代表此時正值趨勢的黎明或尾聲，市場仍在猶豫不決。連這些贏家們都沒有共識時，表示市場方向仍不明確，還不是出手的時候。

圖1. 勝利組出手的例子

歐元兌美元　2017年12月～2018年7月

要吸收資料，閱讀技能也很重要

　　而如果選擇免費的資料來源，我個人建議使用推特。不過，此時跟隨的對象就很重要。而且推特上除了買賣方向之外，如果無法理解對方所寫的內容，便無法進行分析比較。

　　還有，無論是電郵雜誌或推特，如果不清楚撰文者交易所用的時間單位就無法作為參考。我自己也有幫忙撰寫付費電郵雜誌的文章，有時會發現某些人連作者所用的時間單位都沒搞清楚，就胡亂用自己的方式解讀，所以讀者的技能也非常重要。換言之，即便使用付費的資訊，閱讀的一方也必須具備金字塔最底層的知識才有意義。

找出素人也能 獲利的行情， 搭上贏家的便車

▌贏家只是「結果上」選擇了相同的行動

那些所謂勝利組的投資人，究竟為什麼會不約而同地採取同樣的行動呢？

如果是股市，有可能是因為大盤在操縱價格，或是因為一些共同的情報管道而導致，但這在外匯市場是不可能發生的。因為外匯市場的規模比股票市場大得多，光靠幾個投資人的聯手是不可能控制價格的。從日銀即使出手介入，仍無法阻止日圓上升的結果為例，大家應該就能馬上理解了。

外匯保證金交易的戰場，乃是世界最大的金融市場。所以想在外匯保證金投資中獲利，就必須跟隨市場多數派的行動。理由主要有以下兩點。

❶ 即使逆勢操作，也只能暫時取得少許獲利
❷ 外匯保證金是衍生性金融商品，
　逆勢操作若在有虧損的狀態下長抱部位，
　從資金管理的角度來看並不適當

因此如果採用相同的時間單位，可獲利的操作方向和買賣時機自然會趨於一致。而且，只要順著市場的風向就能輕鬆賺到錢。所以即便每個投資者使用的技術指標都不一樣，只要順從市場的風向、跟隨

圖2. 波動幅度高達1000點的行情

歐元兌美元　日線　2017年12月～2018年7月

市場的趨勢，就必然會在相近的時間點以相同的方向進出場。所以說，市場的贏家們只是「結果上」採取了相同的行動而已。

▌所有技術指標都出現賣出訊號的行情

接著讓我們看看具體的實際例子吧。

圖2是歐元兌美元的日線圖，時間是從2017年12月1日到2018年7月5日。這是沒有顯示任何技術指標，只留下K線的「白開水」圖表。

雖然這張圖表中沒有列出，但歐元兌美元的價格大約從一年前的2016年12月20日開始，便從1.03520的谷底一直持續上漲至今。在

這波漲勢中，圖2的價格從2017年12月12日的1.17176一直漲到了2018年的1.25。然而，到了1月後半，價格高點仍停留在1.25（※這裡指的是1.255左右），低點則在1.21中間至1.22附近徘徊，在400點的範圍內呈現膠著狀態，一直持續到4月。

然後從4月之後，歐元兌美元的價格崩盤，從1.25大跌了1000點至1.15。如果在這裡做空歐元兌美元，就能藉著這波跌勢大賺一筆，而實際上不同的技術指標也都放出了賣出的訊號。

當時，我也在西原宏一先生的電郵雜誌上，於4月26日上午7點發布了以下消息。

寄送時間：2018-04-26 07:03:51

寄件人：田向宏行

EURUSD的1.21548

美元開始動作。

EURUSD的價格，已接近在3/7的發布中所介紹的，頂部為1.25552（2/16）、底部為1.21548（3/1）的箱型底部。自3/1起，價格雖然在500點的範圍內遊走了約2個月，但在美元買氣的作用下，EURUSD的價格可能會出現變化。

如果價格跌破箱型的底部（1.21548），那麼跌至1.20以下的可能性便很高。

而在發完這篇文章，告訴讀者價格若跌破1.21548就有可能繼續往下跌後，我自己也掛出了賣單。

圖3的時間區段和先前的圖2一樣，只是在圖中又加上了布林通道。中心的移動平均線是21SMA。

此處，從2月開始，布林通道便一直與價格維持平行，在箱型區間內移動；但到了圖中○處的4月25日至27日附近，價格開始跌至布林通道的－2σ之下。在1.22至1.21中間的位置是賣出的時機。而我的文章是在4月26日發布的，剛好是相同的時期。

圖3. 使用布林通道時的賣出時機

歐元兌美元　日線　2017年12月～2018年7月

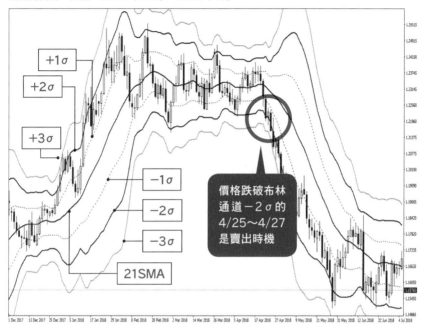

▋ 布林通道以外的賣出訊號

接下來的圖4是圖2再加上3條簡單移動平均線（SMA）而成的圖表。分別是21SMA、75SMA、200SMA以及日線，這些是經常被用到的移動平均線週期。

上述的簡單移動平均線中，賣出時機分別是21SMA和75SMA發生死亡交叉、日線跌至兩者以下的4月23日前後，以及跌破200SMA的5月2日至4日。

4月23日的訊號，跟前面的布林通道訊號只差了2天，由於是日線圖，因此誤差只有2根K線。

圖4. 使用3條SMA的情況

歐元兌美元　日線　2017年12月～2018年7月

75SMA

21SMA

200SMA

賣出時機❶
21SMA與75
SMA出現死亡
交叉，而且日
線跌破兩者的
4月23日

賣出時機❷
日線跌破200SMA
的5月2日～4日

不過，因為布林通道的中心線是簡單移動平均線，而且週期為21，所以可能有人會認為兩者長得很像，這是很正常的事。既然如此，我們再看另一個我在西原宏一先生的電郵雜誌解說過的DiNapoli日線圖。

在圖5的日線圖中，使用了3條不同週期，俗稱平行線差指標（DMA）的特殊移動平均線。當價格跌至DMA以下，便是賣出的時機，所以以這張圖表為例，賣出時機差不多是在4月23日前後。

而觀察更下方的DiNapoli設定下的MACD，2條EMA也於4月23日交叉，放出了賣出訊號。

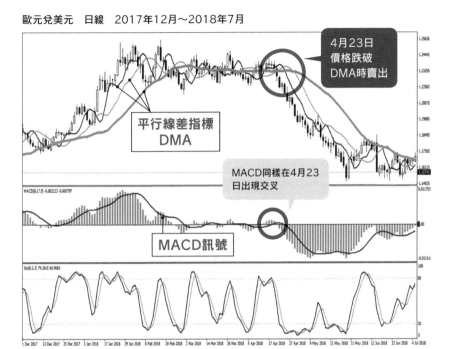

圖5. 用DiNapoli分析法尋找賣出時機

歐元兌美元　日線　2017年12月～2018年7月

可獲利的行情具有相同的方向和時機

以上，我們分別以布林通道、簡單移動平均線，以及DiNapoli Levels這3種技術指標為例，發現三者的賣出訊號幾乎都出現在同一時間。而實際的價格波動也從4月下旬賣出訊號出現的1.21附近開始下跌，一直跌至5月底的1.15、8月的1.13，這是顯著的下跌行情。一如前述，市場上的贏家們雖然所用的技術指標各不相同，但因為幾乎都在相同的時間點持有相同方向的部位，所以都能賺到錢。

這裡所舉出的3種技術指標幾乎都在同一時間顯示賣出訊號的原因，是因為這些技術指標的原始資料都是「**價格變化**」。

想在外匯市場獲利就要搭上贏家的便車

圖6同樣是歐元兌美元的日線圖。觀察此圖表，價格在4月23日跌破了2月9日的低點。然後4月26日又跌破了3月1日的低點。這代表所有技術指標的原始資料，也就是「價格變化」，在4月23日至26日這段時間內，連續跌破了象徵2月以來的整理區間底部的這2個低點。

因此，無論使用何種技術指標，只要同樣使用日線圖來分析，都會選擇在此「賣出」，搭上從1.21跌至1.15乃至1.13的下跌行情。市場的贏家們都採取了相同的行動。

換言之，**只要在任誰都能獲利的價格變化模式（市場風向）出現時進行交易，就能搭上勝利者的順風車。**懂得這個道理的人就能在外匯市場上活下來，累積財富；而不懂這個道理的人則會浪費時間進行無用的操作，賠掉自己的錢。能不能靠外匯賺錢，看的就是能不能在這種可獲利的行情中，透過價格變化或技術指標找到進場的時機。

順帶一提，我之所以在4月26日才在電郵雜誌上發訊息通知會員們下跌的可能，是因為價格直到那天才跌至3月1日的低點附近，而我判斷若能跌破這條線，便有機會大幅下跌。同時，沒有在價格跌破2月9日的低點就發布訊息，而是先採取觀望的態度，也反映了我慎重的性格，等待更安全的時機才進場。

圖6. 從「價格變化」尋找賣出時機

歐元兌美元　日線　2017年12月～2018年7月

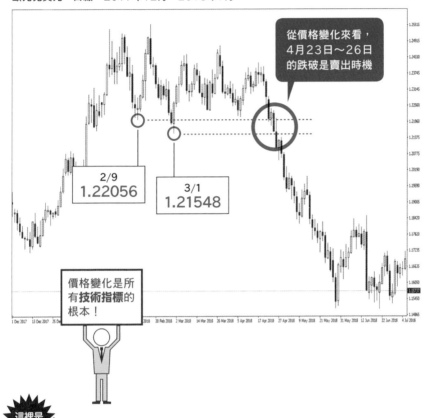

從價格變化來看，4月23日～26日的跌破是賣出時機

2/9
1.22056

3/1
1.21548

價格變化是所有**技術指標**的根本！

這裡是重點！

❶ 使用某種技術指標容易獲利的行情，用其他技術指標通常也容易獲利

❷ 不同技術指標容易獲利的行情之所以類似，是因為它們的原始資料都是「價格變化」

❸ 注意價格變化，便能找到可獲利的行情

衝動的逆勢操作是多數派的絕佳進場點

FX

Section **4**

▌ 主張逆勢操作的市場格言真的對嗎？

在繼續講解所有技術指標根本的價格變化之前，我們先來聊聊外匯投資失敗的人最常掉入的陷阱。

外匯投資不存在下剋上的逆轉。

日本有句古老的市場格言：「**上山賞花時，勿隨人群走。**」意思是在市場投資時不應跟著多數派走大路，而應當選擇少數派走小路。換言之即是不應該順勢操作，而應該逆勢操作。然而，現實中的市場真是如此嗎？

圖7是依循這句格言操作的話，在前一節圖2的後半部，也就是歐元兌美元的價格大幅下跌時會採取的行動。

在這張圖表中，從4月到5月的下跌便是「隨人群走」的大路，也就是多數派的動向，此時他們正在做空歐元兌美元。這點觀察價格變化便一目瞭然。

另一方面，在此下跌的局面中，也並非每天都出現陰線，連續幾條陰線之後也有出現陽線。之所以會出現陽線，一方面是因為有人進行獲利了結，另一方面也是因為有人進場買進。而這些人就是在多數派不斷做空的環境下，試圖「走小路」而進場建立買倉的人。

然後空方會等待市場價格因為那些買倉而稍微上升後，再一口氣拋出賣單，讓市場繼續向下探。因為對空方而言，在價格愈高的時候進場就賺得愈多，所以這種「不隨人群走」、逆勢操作的少數派，簡

圖7. 在大趨勢中，少數派只會淪為獵物

歐元兌美元　日線　2018年3月～7月

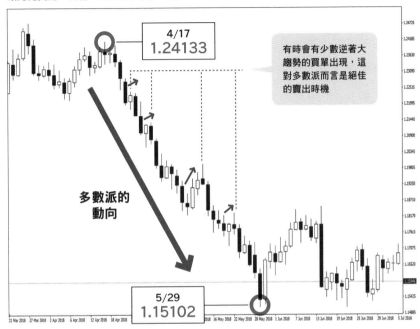

直就像天上掉下來的禮物。

逆勢操作只會被多數派收割

　　相信多方中也存在一些即使看到市場下跌也不甘停損，繼續死抱不放的人。圖7的時間只到7月5日，所以最後看似跌到1.15左右就沒再下跌了，然而實際上歐元兌美元的價格在2018年8月又跌到1.13。換言之，這波跌勢還會繼續，所以那些試圖逆勢發大財，在這裡買進做多的人，最後全都會被收割掉。

　　我也曾有過逆勢操作，結果大失敗的經驗，所以後來才想出依循多數派的「虹色分析表」（有興趣的讀者可閱覽我的部落格），直到

現在都很重視代表市場勝利組動向的市場趨勢。

風險管理愈好的逆勢操作，回報愈小

其實剛才提到的市場格言，最早是出現在遠比外匯保證金交易更早誕生的股票市場。就算逆勢操作的戰略對現貨交易行得通，**但對外匯保證金這種衍生性金融商品使用同樣的方法，在資金管理上是很危險的。**

而同樣從資金管理的面向來看，如果以低槓桿進行逆勢操作，那麼回報率就會變小，使資金的利用效率變差。考慮到外匯保證金這種金融商品的特性，跟隨多數派、順著市場趨勢、搭順風車來獲利才是最「輕鬆」的。所以市場贏家做的事都大同小異。

沒有考慮到以上的背景和情況，就盲目崇拜市場格言的人，恐怕大多都不清楚現貨交易與衍生性金融商品的區別。再不然就是隨便聽來什麼就賭上一切的賭徒吧。這麼做是無法成為贏家的。

這句格言還有下半段

順帶一提，這句格言其實還有下半段，那就是「**無論走哪條，切記趁花開**」。也就是說，無論順勢還是逆勢，最重要的都是時機。換言之，如果逆勢操作後就放置不理，完全不做停損，是不符合格言的下半段的。如果只看表面的情報，譬如這句格言的上半段，而不去理解基礎的部分，只會淪為金融市場的冤大頭。

市場贏家們採取的市場交易的王道，乃是以理解K線價格變化為前提的圖表分析。在此基礎上，加入自己慣用的技術指標，蒐集自己的交易資料，然後提高交易的效率，才是所有投資人要面對的課題。

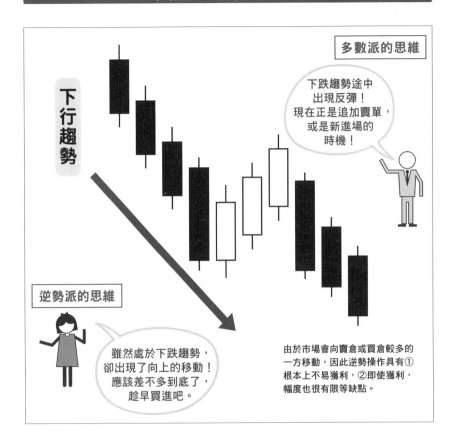

圖8. 多數派與逆勢派的思維差異

多數派的思維

下跌趨勢途中
出現反彈！
現在正是追加賣單，
或是新進場的
時機！

下行趨勢

逆勢派的思維

雖然處於下跌趨勢，
卻出現了向上的移動！
應該差不多到底了，
趁早買進吧。

由於市場會向賣倉或買倉較多的
一方移動，因此逆勢操作具有①
根本上不易獲利，②即使獲利，
幅度也很有限等缺點。

這裡是
重點！

❶ 趨勢出現時，進行逆勢操作很難獲利
❷ 逆勢操作的獲利空間很小

市場永遠
跟著多數走

▌ 市場變動的原因很簡單

　　使用技術分析的勝利組，都很瞭解外匯市場變動的原理。

　　看似複雜的事物，只要盡可能單純化、簡化，就能找出其本質。看似複雜的金融市場也一樣。

市場變動的原因很單純
- 價格上揚的原因＝買的人較多
- 價格下跌的原因＝賣的人較多　　　　　如此而已。

　　當買的人比賣的人多，價格就會上漲。這一點沒有人會否認。而當賣的人比買的人多，價格就會下跌。而上述的買進也包括持有賣倉者的停損等「**賣方平倉時的買單**」，賣出也包括「**持有買倉者的平倉賣單**」。不過，沒有人知道這些平倉單（相反方向的買賣）的數量究竟有多少。所以**外匯交易圖表分析的目的，就是找出賣方和買方誰占優勢**。

▌ 緊跟價格變化的事實

　　市場為什麼會變動，其實一點也不重要。這可能是因為基本面的變化，也可能是因為有人下錯單，又或是有大戶進場或退場，或者是某些人開始獲利了結。就算再怎麼研究市場變動的原因，由於外匯市

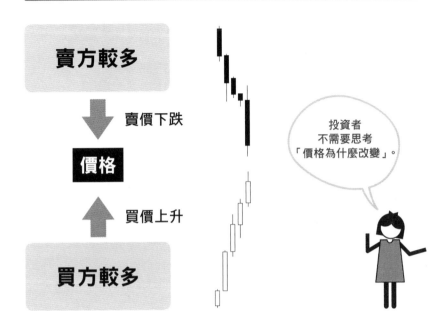

圖9. 價格變化的原因非常單純

場沒有單一的管理者，也永遠無法找出正確的答案（參照第一章）。既然如此，投資人去思考這個問題是沒有意義的。

　　以分析市場為業的人，出於某些原因而不得不去解釋市場的變動，但身為投資人，我們只需要考慮單純的價格變化就夠了。所以**解讀圖表的技術非常重要，因為圖表上記錄了價格變化的事實**。

　　不僅如此，更重要的是，未來究竟是賣的人比較多，還是買的人比較多，誰也不知道答案。儘管如此，基本分析還是試圖去推測哪邊的勢力會增加。正因為不管如何研究背後的動因、不管如何預測都沒有意義，所以我們才不需要基本分析。

Section 6
重點不是預測價格，而是「跟上價格」

▌沒人知道市場的「未來」

　　圖10是2017年年底至2018年夏天，美元兌日圓的週線圖。圖中的價格從2017年11月的114日圓多，跌至2018年3月的104日圓，共下跌了10日圓左右。其中3月23日的104.637是這個波段的谷底。換言之，買賣方的勢力在3月23日逆轉，從原本的賣方優勢轉變成買方優勢，停止了下跌。

　　在2018年年底，我們可以根據歷史圖表判斷3月23日就是波段的底部。但是如果回到3月23日當天的話呢？

　　3月22日，也就是止跌的前一天，我剛好在Traders證券舉辦人生第一場網路講座。當天美元兌日圓的匯率為105日圓，剛好也有講座的參加者在聊天室中問我「會不會跌破105日圓」。而我的回答是「我不知道。因為沒有人知道市場的未來會怎麼樣」。

▌「跟上價格變化」的思考方法

　　去預測匯率會不會跌破3月22日的105日圓變成104日圓，這是沒有意義的。同樣地，去思索匯率會不會在3月23日的104日圓反彈，也一樣沒有意義。如果賣家夠多的話就會下跌，而如果買家的數量超過賣家就會止跌反彈，僅此而已。

　　如果想在外匯市場中獲利，應該停止嘗試「**預測**」未來的走勢，專注在「**跟上價格的變化**」，並思考該如何辦到這件事。這才是最重要的。

圖10. 誰也不曉得市場的未來會怎樣

美元兌日圓　週線　2017年12月～2018年8月

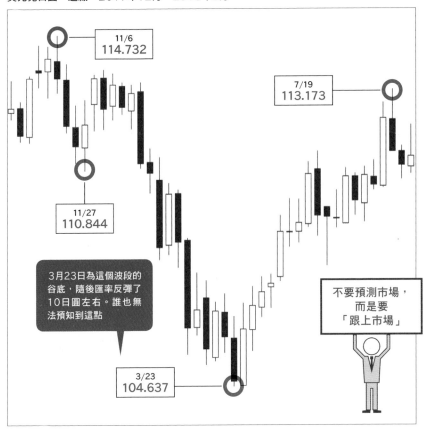

能使你獲利的不是「**預測**」趁虛而入的時機，而是跟隨市場勝利組的行動做出「**反應**」。

7 從K線解讀
買賣雙方的勢力

▎唯一的事實只有K線四值

「不預測」市場的未來，也就是「只跟隨價格變化的事實」。所謂的外匯保證金交易，就是依據價格變化的事實做出適當的反應。

那麼，價格變化的事實又是什麼呢？其實就是第二章講解的K線四值。其中最重要的是檢查K線的最高價和最低價。**每當新的K線出現時，去比較它跟前一條K線的高低點變化，就是根據價格變化的事實去分析買賣雙方勢力消長的第一步。**

這裡讓我們稍微複習一下，該如何用K線圖檢查價格的變化。

▎高點和低點是買賣達成均衡的地方

首先從圖11的K線開始。這條線之前的價格狀態，我們故意先不看。這次的練習主題是理解價格變化，所以從這條線開始就好。

根據K線來進行交易，也就是觀察這條陽線的4個值（參照第二章40頁）。要檢查它的四值，代表這條K線必須具有確定的收盤價。如果要表現得更貼近真實的圖表，就必須像87頁的圖12一樣，畫出下一條線。不過，第二條K線還只是剛開始的狀態。因為尚未完成，所以第二條K線的四值是不確定的。唯一可以確定的只有線①的四值，以及線②的開盤價。隨著時間從線①推移到線②，在線②出現的瞬間，線①的四值就確定了。

而從線①確定的四值，尤其是最高價和最低價，我們可以分析出什麼呢？

圖11. 首先檢查K線四值

最高價

收盤價

開盤價

最低價

每當一條K線完成的時候，就去檢查它的4個值。

　　線①的四值已經確定，也就是最高價和最低價已經確定，代表市場上有人以這個最高價賣出。當天強勁的買氣上升到最高價就停止，代表在這個位置上，買單的數量等於賣單。所以**這個高點就是價格達成均衡的位置**。

▌ 在突破高點、跌破低點之前，無法確定方向

　　K線①的收盤價在最高價之下，代表當天的價格漲到最高價的位置後就不再上升，隨後又下跌一點，然後結束了這一天。

　　同樣地，最低價已經確定，代表在這個最低價之下，買進的力量大於賣出的力量。所以**低點也是買賣達成均衡的位置**。

　　線①在這個狀態下結束之後，接著來看線②出現的圖12的狀態。

　　線②剛出現時，仍位在線①的高點和低點之間。換言之，**當前的價格位在線①的高點至低點這個區間內**。

　　而如果線②現在的價格向上突破了線①的高點，就表示當前的價格向上突破了由①的高點和低點所形成的區間，價格的變化是往上的。相反地，如果向下跌破①的低點，因為跌破了區間的低點，所以

往下的可能性很高。

　　直到這種突破高點或跌破低點的現象出現之前，我們無法得知市場的方向或動向，就算想預測也無從猜起。這就是「跟隨市場事實」的意思，也就是從K線分析價格變化的基礎。

▌賣家多就會下跌，買家多就會上漲

　　在K線所代表的一定時間和價格範圍之內，若下一條K線刷新了高點，表示價格將會上升；若刷新低點則表示價格將會下跌。

　　與此同時，**刷新高點也代表了買方具有優勢，刷新低點則代表賣方具有優勢。**

　　仔細觀察圖12，線①的高點存在賣壓。由於賣壓夠強，買進的力量受到壓制而達成平衡，因此才畫出了這個高點。也就是說，如果線②向上突破了有強賣壓守護的線①高點，也就是刷新高點的話，表示買方戰勝了賣方。由於買進力道大於賣出力道，因此線②的價格才能超越線①的高點＝刷新高點，故上升的可能性大於下跌的可能。

　　那麼這種時候，反過來說，價格跌破哪個位置，轉跌的可能性會升高呢？當線②沒能超越線①的高點，反而跌破線①的低點時，下跌的可能性會升高。這是因為線①的低點處本應是買方優勢。當價格來到線①的低點時，正是因為買方勢力較強，所以這裡才會是最低價，價格才會掉頭上揚。換句話說，如果這個低點被跌破的話，表示支撐線①的買進力量已敵不過賣出的力量。由於賣方數量較多，因此價格會下跌。

▌只要找出價格變動的分歧點，就能知道停損的位置

　　一旦瞭解K線高點與低點的基本構造，便會知道應該在線②出現，而且漲破線①的高點時建立「買倉」。因為價格超越線①的高點，代表上升的可能性較高。而此時的停損點就是線①的最低點。因為這個低點是買方勢力的支撐處，如果被跌破，表示賣壓變強，下跌

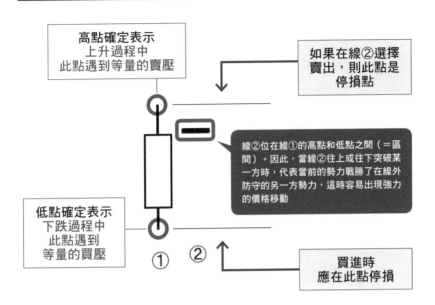

圖12. 從2條K線獲取最多的資訊

高點確定表示
上升過程中
此點遇到等量的賣壓

如果在線②選擇
賣出，則此點是
停損點

線②位在線①的高點和低點之間（＝區
間）。因此，當線②往上或往下突破某
一方時，代表當前的勢力戰勝了在線外
防守的另一方勢力，這時容易出現強力
的價格移動

低點確定表示
下跌過程中
此點遇到
等量的買壓

① ②

買進時
應在此點停損

的可能性提高。所以買倉的停損點應該設在這個分歧點，即線①的低
點（正確來說是低點稍下一點的位置）。

停損單的
設置重點

▎運用線形時應該瞭解內部結構

延續前一節介紹的例子，假設在第二條K線的收盤價確定之後，價格變成了圖13的狀態。

2條已經確定的K線都是上升狀態，也都刷新先前的高點。換言之是買方占優勢，價格持續上揚。

這就是53頁解說過的由2條K線組成的線形中的線形A。線形A即是買方占優勢的上升型態。但我們不應該死背線形，必須確實理解線形的結構，在腦中整理後自然地去記憶，才能在實戰中派上用場。因為實際的交易中不能只靠死背，必須靈活地運用，所以理解原理才是最重要的。

▎停損點的候補有二

觀察圖13，如果圖中的線③能突破線②的高點，則上升的可能性較高。理由就跟前一節說明過的一樣。

那麼反過來又是如何呢？我們必須時時留意市場反轉的可能性。不做好停損規劃的話，就無法做好資金管理。

在圖12中，我們在線①的低點設置了買倉的停損點。

而在圖13中，我們同樣可以把線②的低點當成買方的停損點。另一方面，與線①不同，我們可以把從線①低點到線②高點的價格變

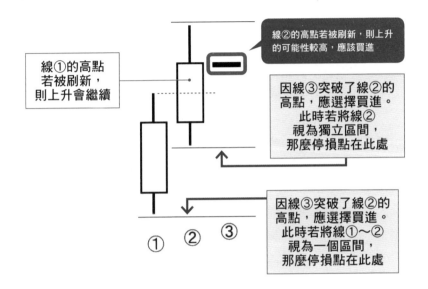

圖13. 刷新高點後要思考的事

線②的高點若被刷新，則上升的可能性較高，應該買進

線①的高點若被刷新，則上升會繼續

因線③突破了線②的高點，應選擇買進。此時若將線②視為獨立區間，那麼停損點在此處

因線③突破了線②的高點，應選擇買進。此時若將線①～②視為一個區間，那麼停損點在此處

① ② ③

化，視為一個連續的上升波動。這點我們已在第二章講解時間單位時解釋過了（60頁）。

這麼一想，停損點依然可以設在線①的低點。換言之，只看線②時的低點，以及把線①和線②連著看時的線①低點，兩者都可以視為停損點。

▎不具方向的市場代表大家都在猶豫

那麼，接著繼續看後面的變化。

圖14是線③確定之後，也就是線④出現時的圖表。

觀察這張圖，儘管線③刷新了線②的高點，但線②的低點也同樣被刷新。遇到這種情形的時候，個人投資者很容易感到不知所措。因為刷新高點顯示上升的可能性很高，但刷新低點也代表轉跌的可能性不小。

線③同時刷新了前一條線（線②）的高點和低點，這代表價格失去了方向感。未來到底會上揚或下跌，必須等待線④完成，看線④到底是會超越線③的高點，還是跌破低點，抑或兩者都沒有發生，或是兩者同時發生後才知道。追蹤價格變化的投資人感到迷惘，就等於市場本身也正在迷惘。

　　對市場動向感到迷惘的不只是自己，其他市場參加者也都猶豫不決，不曉得該買或該賣，所以價格才會破不了高點也破不了低點。因為價格變化會反映市場參加者所有的行為。

　　這也就是53頁的圖15所畫的線形B。不確定市場的動向，也就是箱型整理的型態。此時既然不確定市場未來的狀況，那就不需要勉強出手。不論接下來會往上或往下，反正只要跟著市場多數派走，因此必須等待接下來的變化。

▍上升過程中不會只有陽線

　　順帶一提，在線③買進之後，如果價格跌破線②的低點，那麼預先設定在線②低點處的停損單就會被執行。即使在上升趨勢中，市場仍隨時有可能反轉下跌，而且一如前面的說明，在上升趨勢中多少也會出現回檔的時候。上升趨勢不見得只有陽線，有時也會出現陰線，這點我們已在第二章舉過很多例子了。

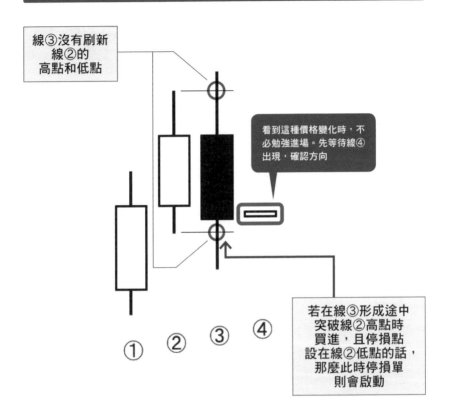

圖14. 應避免進場的價格型態

線③沒有刷新線②的高點和低點

看到這種價格變化時，不必勉強進場。先等待線④出現，確認方向

① ② ③ ④

若在線③形成途中突破線②高點時買進，且停損點設在線②低點的話，那麼此時停損單則會啟動

這裡是重點！

方向不明的迷惘市場，不需要勉強進場交易

FX

Section

9

區間的上下反映著買賣雙方的心理和戰略

▎價格在高點和低點之間拉鋸

圖14之後的發展一如圖15所示，結果線④最後也沒有突破線③的高點和低點。價格變化依然沒有顯示出方向。也就是說，線③的高點和低點形成了區間。線③和線④的線形，正符合53頁的型態D。

先前的線形B雖然變成了線形D，不過依然沒有改變箱型整理的狀況。

整理一下至此的動態，①到②為刷新高點、低點亦向上，屬於上升的型態。然後線③雖然一度刷新了②的高點，但之後又跌破了線②的低點，這一瞬間，上升趨勢就結束了。因為已經不存在趨勢，所以線③的高點與低點就形成了區間。

這裡形成了箱型區間，意味著**買賣雙方正在線③的高點和低點之間拉鋸，爭奪勢力**。原本自①節節上升的價格在③的高點被攔下，代表在這個價格之上的賣方較多。此處的賣壓強大到足以壓過買方勢力，所以才會形成線③的高點。

而由於賣壓太強，因此價格在碰到線③的高點後就開始下跌，一路跌破線②的低點。由於前一條K線（線②）的低點有買壓支撐，因此之前這裡才會形成低點，而線②的低點被跌破，則代表賣壓比之前增強。

然而，之後價格並未繼續大幅下跌，停在了線③的低點，代表下方有強力的買壓支撐，所以下跌才會停止。

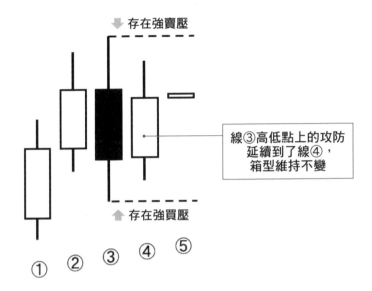

圖15. 箱型維持要留意突破

存在強賣壓

線③高低點上的攻防
延續到了線④，
箱型維持不變

存在強買壓

①　②　③　④　⑤

於是，來自線③高點的強力賣壓，與來自線③低點的強力買壓，在線③的高低點之間展開了攻防。而且從線④也沒能刷新線③的高低點來看，這場勢力之爭將會延續到線④出現之後，表示**價格拉鋸將持續下去**。

突破箱型之後，價格容易一口氣暴衝

箱型是買賣雙方互相攻防、拉鋸的狀態，想要突破箱型的高點，就需要比以往更強的買壓加入；同理，想要跌破箱型的低點，也需要比以往更多的賣方加入。換言之，**由於箱型的突破是因為有比過去更強的力量加入所致，因此價格容易在突破後一口氣暴衝**。

同時，箱型區間的頂部和底部，通常也是買賣雙方設定停損點的位置。

由於價格一旦突破高點，就有很高的可能性繼續往上，因此賣家

一般會將停損點設在箱型的頂部（正確來說是頂部的稍上方）。而因為賣方的停損行為就是平倉買進，所以此時如果再有新進的買方推波助瀾，不僅會吸引更多買家進來，也會促使更多賣家停損，讓買氣大幅增加，產生強勁的上升力道。

而反過來底部也是一樣。箱型的下邊界是買方的停損區，故賣壓一旦增強、跌破底部，便會誘使買方進行停損，使價格一口氣崩落。

諸如上述，箱型的上下邊界，乃是買賣雙方的戰術與策略集中之處，所以**找出那個區間的範圍，對於圖表分析是十分重要的一環**。

▊ 根據「突破」的事實買入

那麼，令人注目的第五條K線究竟會變成怎樣呢？請各位看右頁的圖16。

線⑤向上突破了箱型的邊緣，也就是線③的高點。買賣雙方的攻防，最後是買方的勝利。

此時有兩種可能的情形，一是單純的買方數量增加，二是賣方放棄戰鬥、平倉買回（了結）。但這兩種人究竟哪種較多，答案誰也不知道。前面也提過很多次了，市場上發生的事，沒有人能夠正確地解釋。市場分析師的解釋，也不過是他們自己的推測，沒有方法去證明究竟是對是錯。本例也一樣，線圖上只顯示了價格變化的實際結果，而既然結果是上升，那我們投資人也只有跟著買進。

不理會市場上發生了什麼事，**只根據確定的事實採取應變，才是所謂的投資**。

▊ 箱型突破之後，停損點也會改變

觀察線④和線⑤，雖然2條線的線形屬於53頁的**型態A**，但因為線④的變動範圍是在線③的價格區間內，所以此時應該把線③和線④視為一體會比較容易思考。

在本例中，線⑤雖然很快就突破了線③的價格區間，但在現實的

圖16. 分析箱型突破之後的狀況

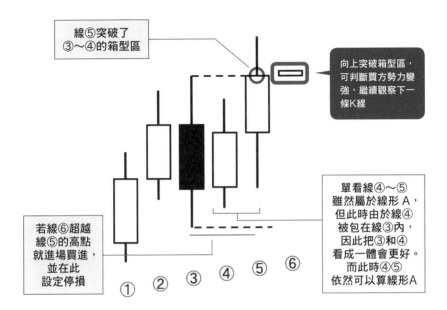

線⑤突破了
③～④的箱型區

向上突破箱型區，
可判斷買方勢力變
強，繼續觀察下一
條K線

若線⑥超越
線⑤的高點
就進場買進，
並在此
設定停損

單看線④～⑤
雖然屬於線形 A，
但此時由於線④
被包在線③內，
因此把③和④
看成一體會更好。
而此時④⑤
依然可以算線形A

① ② ③ ④ ⑤ ⑥

市場中，有時線③的價格區間內會有連續好幾條像線④這樣的K線。
這種時候，因為重要的是判斷箱型是否被突破，而箱型的範圍是由線
③的高點和低點決定的，所以若向上突破的話便屬於線形A，若向下
跌破的話便屬於線形C。

留意突破後的
高點或低點刷新

▎綜合多條K線決定停損點

繼續前兩節所用的例子，觀察圖17可發現第六條的線⑥也刷新了線⑤的高點，同時低點也往上升。從③開始，K線的低點便節節上升，顯示買進力道很強。把線③和線④看成一體，然後跟線⑤、線⑥放在一起，也同樣屬於線形A，表示價格會往上。

雖然我們可以在每次K線的低點往上升時，便跟著拉高停損點，但考慮到線③出現時，原本設定在線②低點的停損單已被執行，便會讓人不知道該不該每次K線出現時就去調整停損點。**像這種時候，第二章解說過的組合K線的方法便可以派上用場。**如果採用這種方法的話，就只需把停損點設定在最近低點的線③低點即可。

▎高低點未刷新，代表箱型將持續

儘管前面的價格走勢似乎一面倒地上升，但翻到99頁的圖18，我們可以發現線⑦沒有再繼續突破線⑥的高點。雖然只差了一點點，但如果有養成當新K線出現時就去檢查其四值的習慣，便可馬上看出價格的變化。

那麼，在確定線⑦沒能突破線⑥高點的瞬間（線⑧出現的時間點），我們得到了什麼訊息呢？讀到這裡，已經理解價格變化意義的讀者，應該都知道答案了吧。沒能刷新高點，表示市場進入了箱型的整理型態。線⑦完全被包在線⑥之內，所以屬於**線形D**。

不過，儘管單看這2條K線是屬於線形D，但光這樣是不夠的。

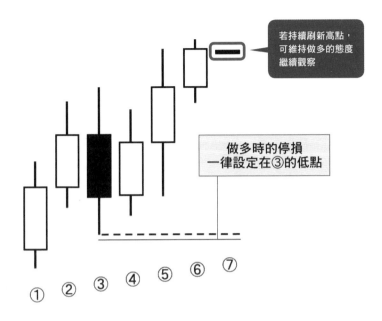

圖17. 趨勢持續時的價格變化分析

若持續刷新高點，可維持做多的態度繼續觀察

做多時的停損
一律設定在③的低點

① ② ③ ④ ⑤ ⑥ ⑦

　　箱型的上邊界是最近高點的線⑥高點，那下邊界在哪裡呢？答案是停損點所在的線③低點。換句話說，如果在上升趨勢中沒能刷新高點，那麼最鄰近的高點（本例中為線⑥高點），以及前一個低點（本例中為線③低點）所圍成的區域，就是箱型的區間。可以把線③低點到線⑥高點的價格變化看成一次波動。

　　所以說，單從線⑦沒有超越線⑥高點的事實，便可找出線⑥高點至低點的小箱型，以及線⑥高點至線③低點的大箱型。

　　順帶一提，本例中是因為線⑦的低點沒有跌破線⑥的低點，所以才可以有2個箱型。那萬一線⑦的低點跌破了線⑥的低點呢？此時，由於線⑥高點至低點的這個箱型已經被線⑦跌破，因此只會剩下線⑥高點至線③低點的箱型。

要建立賣倉的話，目標價是③的低點

不過剛剛說的都是假設的情況，接著繼續回到正題。

在圖18的情況中，一如在講解線③時說過的，接下來的重點是線⑧會如何發展。因為線⑥的箱型仍然存在。換言之，如果線⑧突破了線⑥的高點，那麼價格就突破了線⑥的狹小箱型，以及由線⑥和線③形成的區間，表示上升動力將維持。另一方面，如果⑥的低點被跌破，則⑥和⑧為線形C，顯示價格將轉跌，在由⑥的高點和③的低點所圍成的大箱型中下跌。

也就是說，這波下跌的目標價就是③的低點。

如此看來，我們似乎可以在⑥的低點被跌破時建立賣倉。這當然沒有問題。此時，停損點可設定在⑥的高點上。由於⑥的高點賣壓很強，如果之後價格又反彈轉漲，而且突破這條線的話，表示買進的力量壓過賣壓。所以如果要建立賣倉的話，停損點就是⑥的高點。

另一方面，從③和⑥之間的大箱型來思考，一如前面的說明，這個區間內是買賣雙方攻防的戰場。由於這次的戰場範圍比③時更廣，因此在這個箱型內魯莽出手的話，很有可能會誤判局勢。

這是因為**買賣雙方在箱型內僵持，代表方向不明確，不確定市場會往上或往下走**。在情況不明朗的時候貿然進場交易，就跟毫無戰略就去賭博沒什麼兩樣。

兩邊都討好只會平白增加損失

另外，還有一種做法是在遇到箱型時，「同時買進和賣出」（也就是兩邊都討好），但我不建議大家這麼做。因為如果兩邊都下注，無論最後是哪一方獲勝，都一定會有所虧損。既然如此，還不如乖乖等待箱型被突破，出現明確的方向後，再加入獲勝機率較高的一方，才能避免無謂的損失。

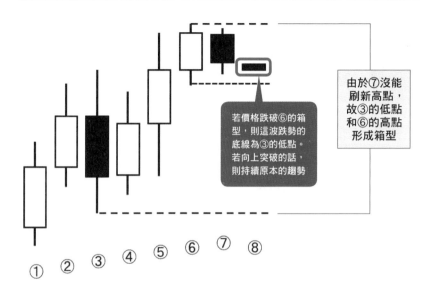

圖18. 箱型突破之後形成的新箱型

由於⑦沒能刷新高點，故③的低點和⑥的高點形成箱型

若價格跌破⑥的箱型，則這波跌勢的底線為③的低點。若向上突破的話，則持續原本的趨勢

① ② ③ ④ ⑤ ⑥ ⑦ ⑧

這裡是重點！

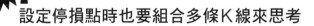

設定停損點時也要組合多條K線來思考

FX

Section

11 高點和低點突破是進場、停損的基準

高點和低點的突破是設定停損和進場點的基準

在圖18中，價格從⑥的高點轉跌，使此點與③的低點形成了一個箱型。此後的發展一如圖19所示，開始一口氣往下走，直到⑪大幅跌至大箱型的底部（③的低點）之下。

在價格跌破箱型的那一刻，市場的風向便由上升趨勢轉換到了下跌趨勢。

一如圖11至圖19的詳細說明，如果各位有仔細關注K線的價格變化，並理解高低點突破的意義，相信各位應該已經深切感受到K線四值的重要性，同時可以很快找出進場的時機和停損點的位置所在。

如果在價格跌破⑥的箱型（⑥的低點）時進場賣出，此時我們不僅已設好停損點，還可以比後來才進場的人，少損失從⑥的低點到大箱型底部（③的低點）這個區段的匯差。

想提高交易的精準度就要掌握高低點的位置

上述的價格變化分析法，乃是K線分析方法中最基本的部分。如果連這個都不會，就算學了再多技術指標也很難靈活運用，還有可能掉入市場的陷阱。相反地，如果懂得上述K線分析的基礎，無論使用哪種技術指標，都能夠實現高準確度的交易，減少進場和停損的失敗機率。

同時，這也是我在前一本著作《1天確認2次圖表就能穩定獲利的兼職外匯投資法（1日2回のチャートチェックで手堅く勝てる兼

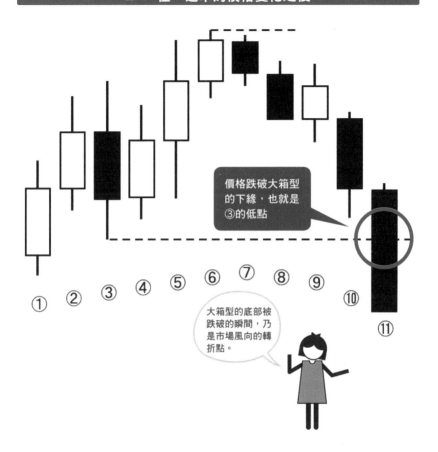

圖19. 在一連串的價格變化之後

價格跌破大箱型的下緣，也就是③的低點

大箱型的底部被跌破的瞬間，乃是市場風向的轉折點。

業FX）》中介紹的道氏理論之一。

這裡是重點！

檢查高低點可以減少進場和停損的失敗機率

以過去的
關鍵高低點為準

▋ 在過去的高低點上畫線，當成判斷標準

這裡我要再三提醒大家，圖11～圖19介紹的例子要告訴大家的重點在於：**比起當前的K線，更重要的是過去K線的高低點。**

在線③出現的時間點，停損點是②或①的低點，而當線④出現之後，③的高點和低點便形成了箱型。所謂的箱型，就是價格有可能往上也有可能往下，需要同時留意高點和低點。

實際進行交易時，**在過去的高點和低點上畫線當成判斷依據**，可說是十分有效的技巧。深明價格變化原理的市場贏家們，當然也都隨時在留意高點和低點。正是因為如此，市場價格才會經常在這些關鍵節點附近徘徊，或是在突破之後出現暴衝。

▋ 以日線為單位，每天檢查高低點狀態

我在西原宏一先生的電子郵件雜誌上講解技術分析時，通常會在文章附上相關貨幣對的技術圖表。這些附圖的歷史高點和低點上都畫有平行線，這是思考戰略時的重要參考點。

圖20是美元兌日圓的DiNapoli日線圖，只保留了移動平均線的部分。如圖所示，我在分析文章的圖表中，特別強調了過去的高點和低點。

圖20是2017年12月12日至2018年3月30日的價格變化。期間

圖20. 突顯高低點位置的實際線圖

美元兌日圓　日線　2017年12月～2018年3月

美元兌日圓的價格持續下跌，直到3月23日的低點104.637。替線圖上所有的高低點加上橫線後，對於賣倉的停損點應該設定在哪裡，以及跌破哪裡後會繼續下跌，全都一目瞭然。為了清楚掌握這些資訊，如果以日線為單位，就必須每天檢查K線的四值。

趨勢總是往突破的方向延續

趨勢就是箱型突破的延長線

看過前面幾節的範例和講解，或許已經有讀者發現，趨勢與箱型的關係其實相當密切。雖然感覺有點像禪問，但「**箱型會產生趨勢，趨勢之中亦存在箱型**」。

換言之，所謂的趨勢，其實就是**箱型突破的延長線**。

圖21跟前一節的圖20同為2017年12月至2018年3月美元兌日圓的日線圖。在這段期間，美元兌日圓的價格從113日圓跌到了104日圓，在3個月內跌了約9日圓。這是很明顯的下跌趨勢。圖21是把圖20中的3條移動平均線（DMA）去除後，只留下K線的簡化圖。

下跌趨勢中的6個箱型

接下來的部分會稍微繁瑣一點，請各位耐心讀下去。首先請看圖表的左上方，12月13日的高點113.749。

這是最鄰近12月15日低點（112.031）的高點。美元價格從這個高點下跌到了12日15日的112.031。在12月15日止跌之後，價格又開始往上走，因此12月13日（113.749）和12月15日（112.031）是一個箱型區間。

這個箱型的上邊界，從12月13日（113.749）依序下降到了12月21日（113.636）和1月8日（113.387），而下邊界則一直保持在12月15日的位置。1月2日時雖然下跌到了112.048，但因為沒有跌破

圖21. 用簡單線圖表示價格的高低點位置

美元兌日圓　日線　2017年12月~2018年3月

12月15日的低點，所以箱型結構未被改變。這個箱型一直維持到被1月10日的大陰線跌破為止。

　　由於1月10日價格跌破了先前提到的箱型，因此美元兌日圓開始下跌，直到1月17日的110.192停止。

　　之後價格又開始回升，所以新的箱型下邊界就是1月17日，上邊界則是前一個箱型被跌破前的高點，也就是1月8日的113.387。這是圖中的第二個箱型區。

　　然後，第二個箱型又在1月24日被跌破，並在1月26日的低點108.280止跌，形成第三個箱型的下邊界。第三個箱型的上邊界，則是最鄰近第二個箱型被跌破的1月24日的高點，亦即1月22日的

111.226。

第三個箱型則在2月9日被跌破。這波下跌，一直持續到了2月16日的低點105.551。同時在隔週一的2月19日，確定最低價沒有跌破2月16日低點（105.551）的當下，由2月8日高點和2月16日低點圍成的箱型就形成了。

然後到了3月2日，價格又跌破了2月16日的低點105.551，跌到了105.251。隨後這波下跌沒有再繼續，形成了2月27日到3月2日的第五個箱型。

接下來3月23日的價格又跌破了3月2日的最低價，來到新低104.637。形成了3月21日到3月23日這個最後的箱型。

將以上整理之後，即是下面的列表。

最初的箱型＝12月13日高點與12月15日低點
第二個箱型＝1月8日高點與1月17日低點
第三個箱型＝1月22日高點與1月26日低點　　　跌幅達到
第四個箱型＝2月8日高點與2月16日低點　　　9日圓左右的
第五個箱型＝2月27日高點與3月2日低點　　　下跌趨勢
第六個箱型＝3月21日高點與3月23日低點

▌向下跌破的延長線＝下行趨勢

美元兌日圓的日線圖，自12月13日到3月23日下跌了9日圓左右，跌破了6個箱型，相信誰都看得出來市場風向是向下。期間所有箱型的突破方向都是往下，因此6個箱型的突破是連續的，形成了下跌的趨勢。因為價格變化會反映市場交易的結果，也就是多數派的動向，所以只要跟隨多數派的行動就可以成為市場的贏家。

另一方面，雖然圖21的圖表上沒有畫出，但最後的箱型，也就

圖22. 6個箱型

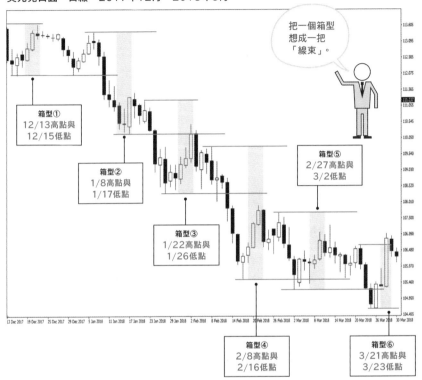

美元兌日圓　日線　2017年12月～2018年3月

是由3月21日高點和3月23日低點組成的箱型，在3月28日時被向上突破。**此時因為同方向的連續突破被中斷，所以美元兌日圓的下跌趨勢也結束了。**而隨著下行趨勢結束，出現上行的箱型突破，接下來是否會轉入上升趨勢，就要看價格是否會繼續往上突破箱型。

▍用跟K線一樣的方法分析箱型

這裡要注意的另一個重點是，可以把一個箱型當成一條K線來理解。如圖22所示，如果我們只看箱型的高點和低點，不管中間的變

化，那麼畫出來就像6條K線。

再進一步簡化、去掉多餘的資料，又會變成圖23的6條K線。第一個箱型就是①，然後依序往下，便可清楚看出節節下跌的趨勢。

透過這幾張圖，相信大家應該已經清楚理解，**所謂的趨勢，其實就是箱型不斷形成後又被突破的循環**。

如果把箱型區間想成K線，那麼在下跌趨勢中，當最後出現的K線向上突破了前一條K線，就代表下跌趨勢可能已經結束，將轉為上升趨勢。由此角度來看，相信大家都已理解到，追蹤高點和低點對掌握市場動態有多麼重要。

▎輕鬆掌握價格變化的力量強弱

把箱型想成K線來理解的另一個好處，就是可以迅速找出價格變化的特徵。第一個箱型（113.749～112.031）維持了約3個星期才被跌破。可以想像此時因為市場的風向仍十分混沌，買賣雙方的攻防相當激烈，所以才一直無法順利往上或往下突破。

隨後，等到第一個箱型被跌破，價格便一口氣往下暴跌。換句話說，此時市場的風向已然確定，因此價格一路沿著②③④的順序往下加速。但另一方面，跌勢來到⑤⑥之後就沒再繼續擴大。也就是說，**下跌的力量已經衰減**。跌勢衰弱的主因，不是賣方減少，就是買方增加。即使如此，箱型的突破方向依然是往下，表示賣方勢力仍然占優勢，但價格的跌幅趨緩，代表不只是賣方，買方的勢力也增強了。

考慮到此時增加的買單不是新進的買方，而是賣方的獲利了結行為，便能理解為何下跌動力會減緩。換言之，**這波下跌已經即將進入尾聲**。

而決定一切的是，最後的⑥沒有再被跌破，反而被向上突破的事實。這一瞬間，下跌趨勢就轉換到了上升趨勢。

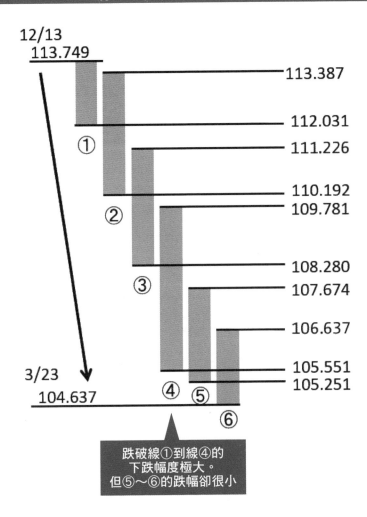

圖23. **將一連串的價格變化轉換成K線**

12/13
113.749

113.387

112.031

111.226

110.192
109.781

108.280
107.674

106.637

105.551
105.251

3/23
104.637

① ② ③ ④ ⑤ ⑥

跌破線①到線④的
下跌幅度極大。
但⑤～⑥的跌幅卻很小

　　這樣的變化模式，不論用日線圖或更短週期的線圖都看得到。只要能從價格變化推測出賣方和買方的動態，便可知道目前推動市場的多數派＝勝利組（本例中為賣方）究竟是買方還是賣方，並採取相應的操作策略。

FX

Section

14 活用箱型，進一步放大利潤

▌運用限價單，在箱型外圍設定進場點

　　每次出現箱型整理的型態，便常常有人會提到「在箱型頂部賣出，在底部買進」這種逆勢操作的例子。因為只要在箱型的頂部設定停損，便可明確知道止損的幅度，很好做空；同理，在箱型的底部設定停損則可放心做多。

　　此時進場，可能的最大獲利空間會被侷限在箱型區間內。因為即使在頂部賣出，當價格接近底部時，買壓就會增強，變得不容易繼續下跌。

　　然而，若瞄準箱型突破的時機，獲利的空間就大得多。由於價格發生突破後會引發在箱型區內進場的人進行停損，因而產生強大的動力，提高價格暴衝的機率。

　　而若連續好幾個箱型往同方向突破，便會形成趨勢。換言之，**只要在價格發生突破時進場，便有機會抓到趨勢的起點。**

　　另外，如果能正確地掌握高低點，只要運用限價單的功能，預先在箱型外的上下兩側設定好買單或賣單，不論之後價格往哪個方向突破，都可以跟上多數派的動向。而且因為不是市價單，所以不需要隨時緊盯螢幕。也因為如此，市場勝利組的多數派才能無視基本面，隨時跟上市場的動向，從中獲利。

▌日線圖上的小箱型是小時線圖上的趨勢

　　市場上沒有永遠持續的趨勢。如同前一節的圖21～圖23說明過

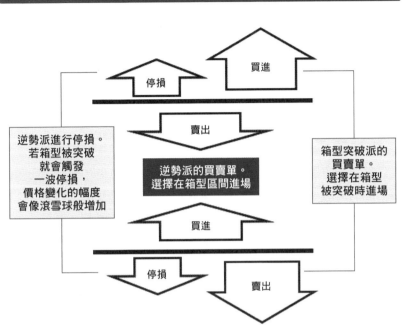

圖24. 箱型突破的操作概念

的，這是因為價格愈靠近箱型的頂部或底部，所受的阻力就愈弱。

在前面美元兌日圓的例子中，美元跌到105日圓附近時，或因賣單減少，或因買單增加，下跌的力量愈來愈弱。一旦趨勢出現上述的變化模式，就要開始考慮圖24中，向下跌破的動力衰減的可能性，這可能是因為多數派減少，獲勝的賣方開始逃亡所導致。

這是時間單位的差異所造成的現象。因為箱型的範圍愈窄，使用短時間單位交易的人，就愈容易在區間內逆勢操作；而使用長時間單位交易的人，就愈容易瞄準箱型突破的時機。對於使用日線圖交易的人，小箱型的獲利幅度沒有吸引力，但對使用1小時線或更短時間單位交易的人而言，這個獲利的空間已經很大了。只要縮短時間週期，箱型內的價格變化就會像是趨勢。

FX

Section

15

從圖表解讀
市場的轉折點，
朝反方向轉換戰略

▌ 關注箱型的兩種意義

當連續多個箱型往同方向突破、形成趨勢時，若中間突然出現相反方向的突破，就必須考慮風向轉換的可能性。而檢查價格變化、留意箱型的狀態，具有①**追蹤趨勢，**②**防備趨勢的反轉**兩種意義。

圖25為2018年美元兌日圓的日線圖。表中所示為美元兌日圓的價格在3月23日觸及104.637低點前後的動態，包含前兩節的圖23所示的6個箱型中，第三個箱型中間到第六個箱型的變化，以及之後反轉上揚的情形。

其中最重要的是第六個，由3月21日高點和3月23日低點形成的箱型。價格在觸及3月23日的低點後，沒有繼續刷新這個低點，開始在箱型內遊走。而如果之後價格升破3月21日的高點106.637，就會形成反方向的箱型突破。

然後，這個相反方向的突破在3月28日出現了。

3月28日，美元兌日圓匯率升破3月21日的高點，突破了本來應該是賣方勢力較強的箱型頂部。這代表買方的數量超過賣方，形成了上升的動力。

由於最鄰近3月28日的低點是3月23日，因此這個箱型就是上行方向的第一個箱型。而3月28日的高點在4月5日被突破，緊接著又持續向上突破了好幾個箱型，形成了上升趨勢。

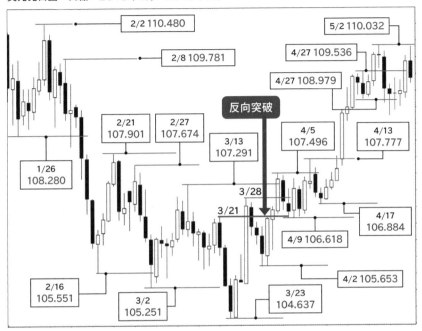

圖25. 檢查反方向的突破以尋找市場的轉折點

美元兌日圓　日線　2018年1月～2018年5月

2/2 110.480

5/2 110.032

2/8 109.781

4/27 109.536

4/27 108.979

反向突破

2/21
107.901

2/27
107.674

3/13
107.291

4/5
107.496

4/13
107.777

1/26
108.280

3/28

3/21

4/17
106.884

4/9 106.618

4/2 105.653

2/16
105.551

3/2
105.251

3/23
104.637

　　由此可見，儘管1月到3月持續都是下跌趨勢，但風不會永遠吹不停。而且風向還可能反轉。因此，只要運用圖表找出市場的轉折點，便可提前擬好趨勢轉換時的戰略。

▌轉向也需要分析圖表的能力

　　許多憑直覺投資外匯的人，一旦目前的戰略不順利，就會進行**轉向**（Stop and Reverse），但這種做法非常容易中雙重反轉的陷阱。在趨勢轉換時，是否要改變買賣方向，也必須從圖表去判斷。正因為如此，懂得解讀圖表的人才能成為市場的勝利組，獲得收益。

▌想在箱型突破時進場，只能使用逆限價單

想要搭上推動市場的多數派＝勝利組的便車，就代表必須大量使用逆向的限價單（譯註：逆指值注文，即與正常邏輯相反，高買低賣的限價下單，通常用於停損，但作者所指的逆限價單又與平倉用的停損單不同，是以建倉為目的。因實際上都是使用限價單的功能，只是價格設定的差異，故日文圈外無此區分。除本節外一律統稱「限價單」）。這是因為我們必須在價格向上突破箱型時買進，在跌破底部時賣出，而**如果在箱型區間進場的話，所有的限價單理論上都是逆向的。**

逆向限價單，也就是用比現價更高價格掛出的買單，或是用比現價更低價格掛出的賣單。判斷目前市場上是賣方較多還是買方較多的唯一指標，就是箱型的頂部和底部。換句話說，一直等待價格突破頂部或底部，然後在那瞬間出現時掛出市價單，這是非常不切實際的做法。因為誰也不知道那瞬間究竟何時會到來。也許會是我們在搭車的時候，也可能是我們在睡覺的時候。

想要分析市場的價格變化，根據過去的圖表、關鍵節點決定進場時機，只需利用逆向的限價單，就可以自動依照戰略建立倉位，絕對不會錯過良機。

▌丟掉「風向會剛好在這裡反轉」的妄想

大量使用限價單會增加交易的風險。這是因為所謂的限價交易，其實就是在價格上漲時賣出，下跌時買進。換句話說，也就是**逆勢交易**。價格上漲，意味著買家較多；在買家增加時賣出，賣家增加時買進，就等於逆著風向進行操作。然而，市場的風向不見得會配合你轉向。而認為自己賣出之後市場就會剛好停止上漲，純粹是自己的「預想」，在某種意義上甚至是更接近「祈禱」的「妄想」。至少，購買本書讀到這裡的讀者，應該都能明白這是非常沒有效率的做法。

那麼，在箱型區間究竟應該採取怎樣的交易戰略呢？

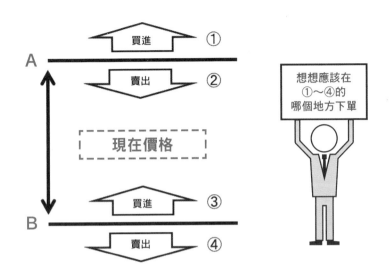

圖26. 瞄準箱型突破的下單策略

　　包含我在內的許多人，打開圖表的第一件事，就是檢查箱型區間的價格變化。圖26要表示的是，箱型的頂部Ａ和底部Ｂ之間，也存在著價格變化。換句話說，打開圖表時，「**現在價格**」應該位在箱型的Ａ和Ｂ之間才對。

▌在箱型的頂部和底部之間設定逆向限價單

　　在極少數的情況下，也許當我們點開圖表的那一刻，價格會剛好突破箱型，然而那種情況基本上是不太會發生的。換句話說，我們必須藉由本書前半部介紹的圖表分析技巧找出箱型之後，提前設定好預約單。

　　如此一來便不需要隨時緊盯市場的動態，可以透過預先擬好的戰略，進行合理的交易。我在前作中主張用日線圖操作時，只要「每天檢查２次圖表」就行了，原因也在於此。

　　那麼，在圖26這種情況下，我們應該在①～④的哪個地方預約

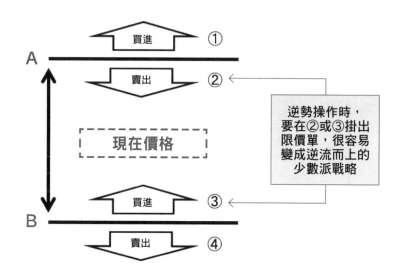

圖27. 在箱型區間進行逆勢操作

買進 ①

A

賣出 ②

現在價格

逆勢操作時，
要在②或③掛出
限價單，很容易
變成逆流而上的
少數派戰略

買進 ③

B

賣出 ④

下單呢？

答案是①和④。

價格向上突破箱型，代表買進力量強勁，上升的可能性較高。所以我們要在價格升破箱型時買進（buy），也就是在①設定逆向限價單。而價格跌破箱型時代表下跌的可能性較高，所以要在④設定賣出的逆向限價單。重點在於，因為沒有人確定箱型會往哪個方向突破，所以當價格位於上圖「現在價格」的區域內時，**要同時在①和④設定逆向限價單**（圖27）。

如果在②或③掛出限價單，就會變成在箱型區域內進行逆勢操作。當箱型的拘束力很強，價格剛好一直在頂部和底部之間反彈時，這麼做雖然可以獲利，但現實中真的每次都能這麼幸運嗎？

▍逆勢操作的獲利空間很有限

假如在②掛出賣出（sell）的限價單，由於目前箱型內是買方占

優勢，價格正在上升，因此在我們建立賣倉之後，價格就馬上漲破箱型的機率恐怕很高。當然，我們可以預先做好準備，在箱型的上方設定停損單，然而如果在①設定逆向單，就可以利用其他人掛在②的停損單，藉著漲勢獲利。因為金額不大就認為停損也無所謂的想法，很容易讓損失愈滾愈大，使總收益變成負值。

而且②這種逆勢操作的做法，可獲利的空間最大也只到箱型的底部。因此，**可預見的獲利空間明明非常有限，卻必須背負不成比例的風險，這樣做真的值得嗎？**

當然，在③買進（buy）也是同樣的結果，即使在箱型的底部下方設定停損，獲利效率也不高。

根據以上的比較，與其去預測市場，還不如直接跟隨多數派，多運用逆向限價單來交易。

▌逆向掛單的停損要設定在相反側的邊界

那麼，如果在①或④掛出逆向限價單，在箱型被突破時進場，此時的停損點應該怎麼設定呢？在①買進（buy），停損點其實就是在④賣出。同理，④的賣出（sell）停損點就是在①買回（圖28）。

要是不在箱型區間進行逆勢操作，而是在箱型的上下方設定預約單的話，如果價格最後先往上又往下走，不就兩邊的停損都被觸發了嗎？有些人可能會擔心發生這種情況。

如果你會如此杞人憂天，這就代表你還沒搞懂市場價格變化的原理。只要運用圖表正確地掌握箱型的範圍，這種情況發生的機率是很低的。

尤其是時間軸愈長，發生的機率就愈低。這是因為明明買方才剛增加，推動價格漲破箱型的頂點，結果馬上又突然停止上漲、反轉下跌，然後跌破箱型的底部，很難想像會發生這種不自然的動向。

光是要在買家增加的情況下阻止上升的趨勢就已經很困難了，更何況還要使市場逆轉，簡直難如登天。這等於希望市場的多數派急速

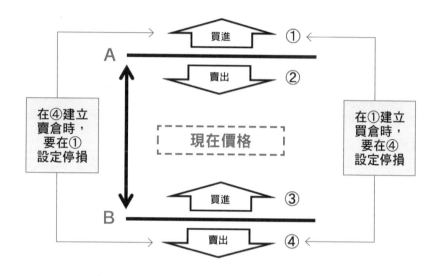

圖28. 在箱型突破時設定停損的重點

縮小成少數派，而這是非常不切實際的。因為市場上的價格變動本來就是由多數派和少數派的角力關係所決定的，只有不懂這個道理的人才會產生那種癡心妄想。

不過，如果使用比日線更小的時間單位，隨著時間軸愈短，就愈容易發生這種不自然的現象。

從實際圖表
洞悉價格波動的
交易方法

透過分析價格變化，跟隨市場多數派的投資方法之後，接下來再用
幾張不同的圖表練習一下。本書介紹的方法都非常簡單。剩下就是
多用不同的案例來反覆練習，然後讓它變成自己的東西。

FX

Section

1

第四章
要說明的內容

▌ 對任何貨幣對、投資對象都有效的交易方法

在第四章，我們要透過幾種不同的貨幣對，詳細地看看第三章所解說的利用箱型突破來獲利的交易方法。

而為了方便大家快速地瞭解本書要解說的主題，我們將以英鎊兌美元為中心來舉例。

英鎊兌美元，對於部分投資者來說，或許會有點陌生。

不過，前面解說的所有方法，除了外匯投資外，同時也適用於諸如股票、期貨、虛擬貨幣等各種金融商品。

因此，**對於美元兌日圓、歐元兌美元、英鎊兌美元、澳幣兌日圓、歐元兌日圓等不同貨幣對，思考方法與操作方式也幾乎完全一樣，可以放心地大膽使用。**

此外，雖然基本的交易方法完全一樣，但本章還會進一步講解對於實戰十分有用的內容，例如急漲突破箱型後出現十字線等必須格外留意的變化型態，以及應變的方法等等。

第四章要說明的內容

● 前三章所講解的內容的根本——「道氏理論」。
→外匯保證金交易很重視道氏六大論點中的其中兩項。

● 價格在箱型內遊走時該怎麼辦？
→在箱型內不進行交易。相對地，可以在箱型的上下側設定限價
單，準備在箱型突破時馬上進場。所以不需要預測市場。

● 箱型突破之後，如果高、低點不再更新了該怎麼辦？
→價格停止推移的話，就在新箱型的上下側設定限價單，等價格
繼續往同方向突破時追加買倉或賣倉。或是在箱型的相反側設定
停損單。

● 做多（買進）時，如果進場的位置離箱型底部太遠了，
可以把停損單往上挪一點嗎？
→「只憑一己的想法」而無視價格變化的事實，且隨意改變停損
點是很危險的事。如果覺得目前的價格離箱型的底部太遠，那就
應該不要進場。擔心一旦停損就會損失太多本金，乃是出於自己
方便管理資金而產生的想法，並非根據市場而得出的判斷。

● 價格明明突破箱型了，為什麼趨勢沒有延續呢？
→有可能是因為你觀察的箱型太小了。可以試試換個時間單位，
找找看大箱型的範圍到底在哪裡。

● 明明突破了箱型，價格卻動也不動。
→一如2012年之後美元兌日圓的匯率，箱型最後必然會往其中
一方突破。而箱型維持的時間愈長，突破時所產生的後勁也就愈
強。請耐心等待良機。

被擁戴超過100年的道氏理論，至今依然有效

▌ 不論哪種金融商品，基本的事實都不會改變

價格變化的本質就是「賣的人多就下跌，買的人多就上漲」，非常簡單。只要依循這個最簡單也最基本的事實，就算是100年前的理論，直到今日也完全適用。

▌ 被運用超過100年的交易技術

在前面幾章的解說中，相信各位已經對所有技術分析的基礎──價格變化的原理有相當的理解。但提到對價格變化的分析，就絕對不能不認識「**道氏理論**」。

雖說是「理論」，但道氏理論其實並沒有想像中那麼難，從本書開頭讀到這裡的讀者，其實都已在不知不覺中對道氏理論有相當的理解。正因為這個理論如此重要，本書才會一而再、再而三地替大家複習，並從不同的角度解說其中的原理。

除了外匯保證金交易外，道氏理論同樣適用於股票和虛擬貨幣。如果想在市場投資中獲利的話，搞懂道氏理論絕對沒有壞處。

所謂的道氏理論，乃是後人根據查爾斯·道本人在美國《華爾街日報》從事記者時所發表的社論，重新整理而成的東西。

因此根據我個人的推測，道氏理論中的六大論點應該沒有先後順序之別。實際上，日文翻譯書中所介紹的順序，就不見得跟原文書中的順序相同。總而言之，我認為只要透過這六個論點，理解市場價格

圖1. 道氏理論對市場的6種觀點

1
The market has three movements
＝市場存在3種變化

2
Market trends have three phases
＝市場趨勢存在3個階段

3
The stock market discounts all news
＝股市包含所有的消息

4
Stock market averages must confirm each other
＝股市指數必須互相驗證

5
Trends are confirmed by volume
＝趨勢必須有成交量佐證

6
Trends exist until definitive signals prove that they have ended
＝在明確的終結訊號出現之前，趨勢不會結束

變動的原理即可。此外也有些人認為，道氏理論的論點不是六個而是九個。

　　只要閱讀英文版就很清楚，道氏理論是根據對當時美國股市的觀察而整理出的內容。而當時美國股市仍然只有現貨交易，所以道氏理論並沒有考慮到外匯保證金這種衍生性金融商品。換言之，道氏理論有些部分與外匯投資並不相符，而這部分就需要投資人自己去詮釋和取捨。

　　關於道氏理論的詳細內容，我已經在前作《1天確認2次圖表就能穩定獲利的兼職外匯投資法》（自由國民社）中介紹過，故本書將只解說我認為**對外匯也適用的第三項和第六項論點**。也就是價格變化已包含所有的基本面訊息（第三項），以及應該緊抱倉位直到趨勢結束的訊號出現（第六項）。

抓住「好倉位」的關鍵不是消息，而是價格波動

▌因市場消息產生的暴漲暴跌不會長久

價格變化已包含所有的基本面消息，意思是在箱型整理期不論出現何種大新聞，只要箱型沒有被突破，價格就不會變化的意思。

一旦市場進入價格不易變動的箱型型態，投資人便會因為價格波動變小而不敢出手。而箱型市場持續愈久，市場的參與者便會減少，使流動性降低，並逐漸形成**三角旗形型態**（第五章會詳述）。在流動性降低的箱型區內一旦出現什麼大新聞，飢渴的投資人便會一下子湧進來，使價格大幅震盪。然而這個波動終究是在箱型內部，所以很難維持。而對價格變化很敏感的人就會被這個波動所騙，「**建立不必要的倉位**」。

相信對本書前面介紹過的價格變化動力和原理有所瞭解的讀者，都不會在這種箱型整理區進場才對。

▌長期線圖不會被新聞影響

讓我們以美元兌日圓為例，看看之前發生的例子。

重視基本面的人，似乎都非常關注川普在美國期中選舉的動向。同時川普還頻頻抱怨與中國、歐盟之間的貿易不公，使得許多日本投資人猜測，川普接下來可能會將矛頭指向日本。

在此基本面的背景之下，美國《華爾街日報》於2018年9月7日、日本時間的凌晨，發表了一篇有關川普的採訪報導。當中提到川普表示「接下來就輪到日本了」，其準備對美日長年的貿易逆差採取

圖2. 川普發言前後的價格變化情形

美元兌日圓　1小時線　2018年9月5日～8日

行動，使美元兌日圓的匯率下跌。

　　儘管連日本知名的投資人中也有人抱持「日圓馬上要升值了」的論調，然而在1小時線圖上的實際變化卻如圖2所示。

　　觀察美元兌日圓的每小時變化，在凌晨4點時為110.949，然後在新聞發布之後，於凌晨5點下跌到110.522。此後雖然又進一步跌到110.318，但接下來沒有繼續下跌，反而開始轉漲。

　　即使是《華爾街日報》這種大媒體的新聞，也沒有對美元兌日圓的價格產生多大的影響。放到週期更長的圖3上，觀察美元兌日圓的週線圖，美元兌日圓的價格一直都在6月25日到7月19日的箱型內遊

圖3. 長週期線圖下的美元兌日圓價格

美元兌日圓　週線　2018年2月～9月

走。一如之前的說明，箱型市場是買賣雙方你爭我奪的戰場，所以方向仍不明確。

▍懂得道氏理論和價格變化原理就不會做無意義的交易

在箱型市場的正中央，由於價格仍然離箱型的頂點和底部很遠，

即使有再大的新聞或再大咖的人物發表消息，市場也不會輕易發生變化。市場形成箱型，通常不會單純是某人的發言所導致，而是存在更大的原因。不是買賣雙方都缺乏進場的動機，就是雙方的力量勢均力敵，不會被輕易撼動。

因此如果以為基本面的因素就能改變現狀，而貿然跳進去，通常很難建立好的倉位。道氏理論中「**市場價格包含所有的消息**」，就是這個意思。

理解道氏理論和價格變化的基本原理，便可減少這種無意義交易的次數，並且只在獲利機率高、「市場勝利組」行動的時候進場。所以找出箱型的範圍、理解價格變化，並檢查這兩者基礎的高點和低點才會如此重要。

這裡是重點！

即使價格因市場消息而急漲急跌，
只要仍在箱型內就難以維持

(FX)

Section

4

學習如何
一邊追蹤圖表
一邊進行交易

▌下單價格不要剛好設定在高點或低點上

接下來讓我們依循道氏理論，來看以英鎊兌美元為例的實際交易方法。首先請看圖4中，10月6日到10月13日之間的第一個箱型。

在箱型整理區中，沒有人知道接下來價格會往哪邊走，所以我們要在10月6日的低點下方（1.30250或1.30200附近）設定限價賣單，並在10月13日的高點上方（1.33400附近）設定停損單。同時，還要在10月13日的高點上方（1.33400附近）掛出限價買單，然後將停損點設在10月6日的低點下方（1.30250附近）。

一如第三章的圖28說明過的，這麼操作的話，不論價格往哪邊突破，我們都能應對。

之所以不直接用高點和低點的價格，一是考慮到成交的點差，二是因為外匯是成對交易，自己選擇的外匯公司的價格與其他公司或interbank（銀行間市場）可能會有些微不同。

▌突破箱型之後，立刻取消另一邊的限價單

圖中的第一個箱型，10月13日的高點在11月24日被突破了。這是**上行方向的突破**。此時我們設定在箱型上方的限價買單會被執行，如果成交的話就會建立倉位。

由於我們用的是日線圖，因此不需要太慌張，但因為當箱型被往上突破之後，設定在10月6日低點下方的限價賣單就不需要了，要記得去取消。

圖4. 注意第一個箱型

英鎊兌美元 日線 2017年10月～12月

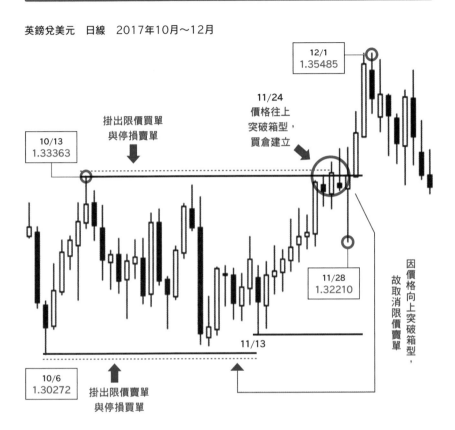

箱型被向上突破，意味著買方勢力比賣方勢力強，所以短期內價格應該不太可能突然又往下跌破箱型底部。同時因為是日線圖，所以箱型的範圍也很廣，要從頂部跌到底部沒那麼容易。因此，短時間內跌破底的機率非常低，可以先取消下方的賣單。

█ 擬好戰略就不用擔心價格急變

11月24日向上突破箱型之後，途中價格又在11月28日的交易

時段中一時下跌，但因我們在11月24日於1.33400附近成交的買倉（於10月13日的高點上方買進），停損點設在1.30250附近（10月6日的低點下方），而且買倉建立之後，最近低點已移動到11月13的低點（1.30621下），因此就算一時下跌也不會有影響。

會因為這種急遽的變化而慌了手腳的人，一般不是因為沒有擬好戰略，就是因為不會解讀圖表。進行圖表分析，設定適當的停損（平倉）點，然後靜待結果，這是很重要的步驟。不可以自己任意改變設定好的預約單。本例中，最後11月28日的波動也只是暫時的，上升趨勢一直持續到12月1日的高點1.35485。

然後，到了隔週一的12月4日，當日的最高價沒能再突破12月1日的高點，換言之高點沒有刷新，因此12月1日的高點1.35485即是當前的高點。由於高點已經確定，我們接著再回頭尋找低點，可以發現最近的低點是11月28日。因此，設定在10月6日下方（或11月13日下方）的停損單可以移動到11月28日的低點下方（1.32100附近）。也就是說，只要價格沒有繼續升破12月1日的最高價，12月1日到11月28日的價格區段就是新的箱型（參照圖5）。

▎以「利大損小」為目標，而不是「利小損大」

此時，因為我們手上已經持有買倉，所以要把停損單移動到新箱型的底部，也就是11月28日的低點下方。由於一開始的買價是在10月13日高點上的1.33400左右，因此如果價格跌破11月28日的低點，觸發停損單的話，便會產生130點的匯損。儘管如此，由於市場已經上揚過了，因此這個損失仍然比最初在10月6日的低點停損時小得多。

這裡要是因為擔心匯損，一有獲利就馬上平倉的話，便很難賺得到錢。

圖5. 移動停損點

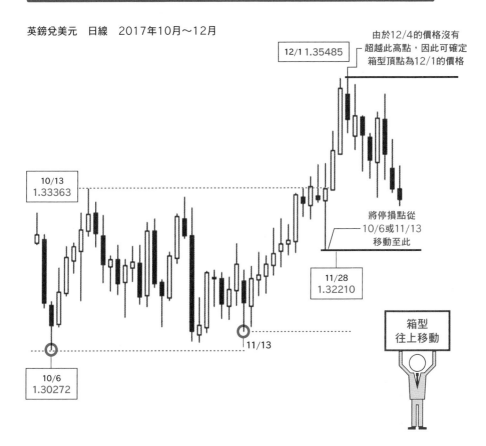

英鎊兌美元　日線　2017年10月～12月

12/1 1.35485

由於12/4的價格沒有
超越此高點，因此可確定
箱型頂點為12/1的價格

10/13
1.33363

將停損點從
10/6或11/13
移動至此

11/28
1.32210

11/13

10/6
1.30272

箱型
往上移動

這就是所謂的「**利小損大**」。

　　無論哪種投資，都一定會有賠錢的時候。但重要的是**有沒有設定適當的停損點**，並做好資金管理，明確記錄虧損的額度。這步要是做得不對，不論投資多久都不會賺錢。

是否追加部位，同樣要看區間是否被突破

▌ 配合箱型突破增加倉位

　　新的箱型（12月1日和11月28日）形成，意味著就算沒有在價格升破10月13日的箱型頂點時掛單買到，也可以在這個新箱型可能被突破的位置掛出限價單。而這個掛在12月1日高點上的新買單的停損點，當然就是在11月28日低點的下方（圖6）。

　　另外，如果是已經在10月13日高點上建立買倉的人，也同樣可以在這個新箱型上掛出買單，等箱型向上突破時追加倉位。這就是所謂的**金字塔加倉法**（pyramiding）。

▌ 設好停損單之後，只需靜靜等待就行了

　　不論之前停損的幅度有沒有困擾你，最後英鎊兌美元的價格都向上突破了10月的箱型，形成了上升趨勢。根據道氏理論，只要條件沒有改變，趨勢就會一直持續，換言之，只要11月28日的低點沒有被跌破，上升趨勢就有可能維持下去。

　　實際上，12月1日和11月28日所形成的箱型，雖然在12月1日從高點短暫下跌，但不久便在12月15日止跌於1.33011。

　　從投資者的角度來看，由於我們在10月13日的高點上方買進時，便已經在11月28日的低點下方建立了停損點，最慘也是在這裡賠錢賣掉，因此剩下的就是等待結果，看市場最後會往哪裡走。市場會發生什麼事，不是個人所能控制的，所以投資人能做的就只有思考適當的戰略。

圖6. 新箱型的形成

英鎊兌美元　日線　2017年8月～2018年1月

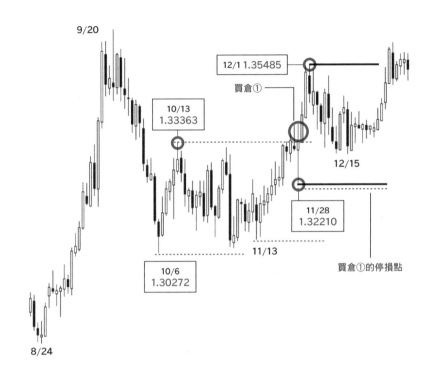

到了2018年的1月2日，價格突破了箱型的頂點，也就是12月1日的高點。如此一來，最近的低點就變成了12月15日的低點（1.33011）。因此，12月15日的低點和新的高點就形成了新的箱型。而停損點也從11月28日移動到了12月15日的低點下方（1.32950附近）。

1月3日的價格雖然升破了1月2日的高點，但隨後又馬上往下走，稍微跌破了1月2日的低點。換言之，這條日線的方向並不明確。請回想一下第二章介紹的2條K線組合成的4種線形（53頁）。

因此如果1月4日的價格沒有刷新1月3日的高點，那麼英鎊兌美元的價格就有轉跌的可能性。與此同時，1月3日的價格也確定為波段的高點，與12月15日的低點形成了箱型（圖7）。

順帶一提，最早在10月13日高點上方建立的買倉，如果有把停損點移動到12月15日的低點下方，此時就算被平倉，損失也縮小到只有40點左右。不過若是在12月1日的高點上方買進，那麼停損的損失將有250點左右。

▌隨時留意更長週期的箱型

1月3日的高點為1.36118，與前一個高點（12月1日＝1.35485）只差了約60點。雖然向上突破了箱型，卻沒有上升太多，使人感覺到來自上方的壓力。

其中的原因是9月20日的高點。如圖7所示，9月20日的高點為1.36502，而1月3日的高點是1.36118，市場因為意識到9月20日的高點，才削弱了往上突破的力量。換言之，這是因為價格已經愈來愈接近更大箱型的頂部。更大箱型的意思，就是**時間週期更長的箱型**。由於價格的變化是由買賣雙方的角力關係決定的，因此在更大箱型的上邊界附近，必須考量賣方的勢力也會隨之增強。

即使之前是買方優勢，仍要考慮在箱型天花板附近，可能因為有賣壓存在而使上升力道減弱，或是買方意識到這條壓力線而進行獲利了結。

▌在應該注意的歷史高點和低點畫上罫線

這種時候，如果只看到眼前的動向，便很容易忘記9月20日的高點存在。因此如果像圖7一樣，在過去的高點和低點上加上罫線，就能夠提醒自己那裡是買賣雙方的攻防線，對於分析價格的變化很有幫助。

如果之後價格可以漲破這個更大的箱型，就有可能爆發比10月

圖7. 價格接近大箱型的頂部

英鎊兌美元　日線　2017年10月～2018年1月

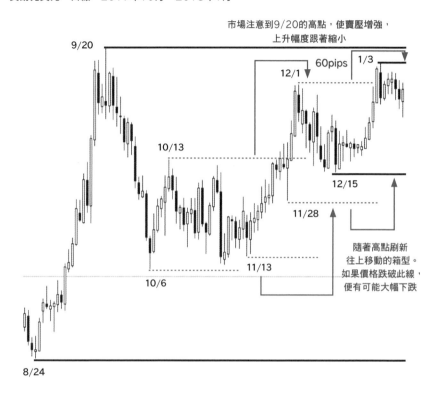

的箱型突破更強的上升。若能在K線圖上找出這些關鍵的價格節點，便可有效地抓住這種一口氣爆發的行情。

Section 6 瞄準區間突破後的劇烈波動有效獲利

▌ 也可在大箱型的頂點上方掛限價買單

由於1月3日和12月15日的價格形成了箱型，因此一如前面講解的操作，我們可以在1月3日的高點上方掛出買單。而停損點就在箱型底部的12月15日下方（參照圖8）。

此外，如果有在10月13日或12月1日的箱型突破時建立買倉，就可以繼續追加買單（金字塔加倉法）。當然別忘了做好資金管理，以免保證金不足，並將設定在12月15日低點下方的停損點全部往上移動，計算移動後觸發停損點時的損益。

不過，1月3日的高點也可能像前一頁的圖7一樣，被9月20日的高點壓下來。想要保險一點的話，也可以不在1月3日的箱型上方，而是在9月20日的高點上方掛出買單。如果賣方勢力在價格鄰近9月20日的高點附近時增強，市場反轉的話，之前建立的所有買倉都會在12月15日的低點下被停損平倉，因此比起在1月3日的高點新建買倉，不如在確定價格升破9月20日的高點時進場，更能控制風險。

▌ 20天內上漲了700點

另一方面，1月3日的高點1.36118雖然被9月20日的高點1.36502壓回，但英鎊兌美元的行情自10月開始便一直節節上升。而在線圖上，只要沒有跌破12月15日的低點1.33011，就仍然存在

圖8. **價格接近大箱型頂點時被壓回**

英鎊兌美元　日線　2017年10月～2018年1月

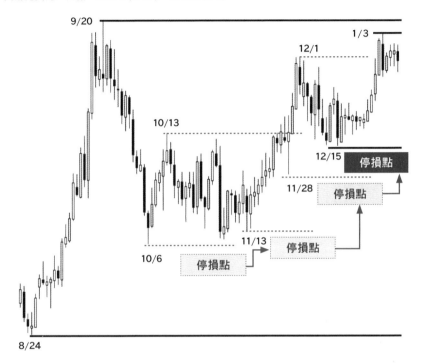

上升的可能性。換句話說，只要12月15日的低點守得住，英鎊兌美元就有可能突破1.36，加上這條線又是大箱型的頂點，**一旦穿越的話就有可能大幅往上衝**（參照圖8）。

之後，1月12日時，英鎊兌美元的價格成功突破了1月3日和9月20日的高點（參照圖9），突破了箱型。

如同前述，突破了大箱型的頂部（9月20日）之後，英鎊的價格從1月12日一路飆漲到1月25日的1.43443，暴升了約700點。

我是用日線圖進行交易的投資者。以日線圖為分析基礎，就不需

要整天緊盯著市場。大概一天確認幾次圖表，依照價格變化和Ｋ線擬定戰略，便可抓住這類暴漲暴跌的機會，高效率地獲利。

█ 突破高點之後移動停損點

觀察圖9，1月12日是條大陽線。英鎊兌美元的價格在當天一口氣突破1月3日和9月20日的高點之後，急速上漲。在漲破1月3日高點的那一刻，當前的最近低點便已轉移到1月11日的1.34583。換句話說，**停損點也要跟著從原本的12月15日下方移動到1月11日下方**。這點我們已經重複說過很多遍，相信大家也都理解了。

把停損點移動到1月11日的低點下方之後，一開始在10月13日的高點被突破時建立的買倉，建倉價就低於停損點價格了，所以無論如何都不會產生虧損。然而，在12月1日、1月3日的高點被突破時買進的部位，依然會在價格跌破1月11日的低點時產生虧損。即便如此，如同至今為止的解說，由於這個虧損是可控制的，因此只要做好資金管理就無須擔心。

█ 在急漲時留意低點有無跟著往上爬

英鎊兌美元的價格在1月12日同時突破2個箱型的頂點之後開始急漲，但此時仍然不能掉以輕心。所謂的急漲，可能是賣方數量急速縮減，也可能是買方數量急速增加。本例的情況，可能是賣方在9月20日的高點附近停損（反方向買回）所導致。

無論如何，由於價格急漲時也會促使一批人進行獲利了結，因此要小心之後可能又急跌回去。不過，這種急漲急跌的波動依然是以Ｋ線為分析基準，因此在急漲的行情中，只要觀察低點有無隨著高點刷新而跟著上升即可判斷。

遇到這類情況時，請各位一邊對急漲後的反作用力保持警戒，一邊密切追蹤價格的動態（圖9）。英鎊兌美元的價格在1月12日（週

圖9. 由於高點已更新，故移動停損點

英鎊兌美元　日線　2017年8月～2018年1月

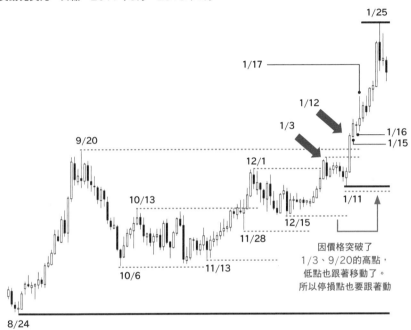

因價格突破了
1/3、9/20的高點，
低點也跟著移動了。
所以停損點也要跟著動

五）升破了1月3日與9月20日的高點之後，在隔週一的1月15日又繼續往上揚。

　　然而，隔天1月16日並未繼續突破1月15日的高點。不過1月16日的低點也在1月15日的低點之上，沒有刷新低點。換言之，1月16日的價格波動完全在1月15日的波動範圍內，方向不是很明確。這可能是因為有一批投資人為了防備前述急漲後的反作用力，先了結一部分獲利所導致。

　　這麼一來，便需要留意1月17日的價格是否會刷新1月15日的高點或低點。如果刷新高點，雖然市場仍有些迷惘，但買方將維持優勢，使價格繼續上升；而若刷新低點，則可能是買方開始了結獲利或

賣方增加，使上升力道減弱。

在關鍵的1月17日，價格向上穿過了1月15日的高點。雖然比較細微，但將圖9放大而來的圖10非常重要。

雖然1月17日刷新了高點，代表市場可能會繼續上升，但最後升幅很快就在同一天被壓了下來，使1月17日留下**長上影線**。價格往上走卻留下長上影線，表示在上漲的過程中遇到強烈的賣壓，或是買方在中途就開始獲利了結。跟前一天一樣，這可能是因為某些投資人在防備急漲後的反作用力。

▌一旦有可疑的動向就馬上把停損點移至最近高點

在價格急漲之後，如果價格出現可疑的動態就要提高警覺。如果神經大條地置之不理，價格有可能會突然暴跌回去。因為投資人可能會在此時一齊了結獲利，使市場反轉。

本例中出現了急漲，所以之後有可能會發生急跌。雖然這次低點沒有被跌破，成功地繼續往上爬，但仍無法忽視**十字線和長上影線出現**等買方勢力衰退、上升速度減弱的事實。

因此一旦看到這些跡象，就要開始進行確保獲利、迴避損失的打算。所以我們要把停損點移動到最近一次的建倉價，也就是1月3日的高點，或是9月20日的高點上方。將原本設定在1月11日低點下方的停損點往上拉之後，我們所有的部位就都不會虧損了。

這樣一來，如果未來價格繼續上揚，我們的獲利仍會增加，而就算價格下跌，我們也沒有半點損失，穩賺不賠。這樣在心態上也會比較輕鬆。

不過，本例中的價格最後持續往上，並一路上漲到1月25日的1.43443。從11月24日突破10月13日的高點算起，總共上揚了1000點左右。

圖10. 急漲後的應對

英鎊兌美元　日線　2017年12月～2018年1月

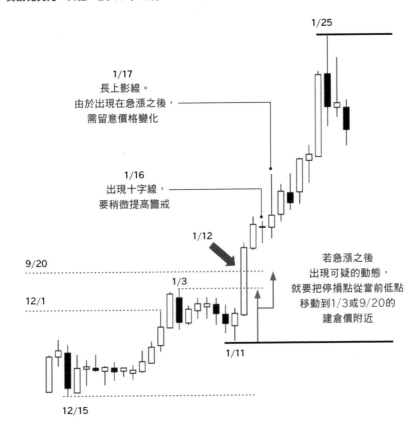

1/25

1/17
長上影線。
由於出現在急漲之後，
需留意價格變化

1/16
出現十字線，
要稍微提高警戒

1/12

9/20

1/3

12/1

若急漲之後
出現可疑的動態，
就要把停損點從當前低點
移動到1/3或9/20的
建倉價附近

1/11

12/15

不要用有利於自己的想法去解釋價格波動和區間大小

▌長箱型是「巨大變化的準備期」

英鎊兌美元自2017年11月24日至2018年1月25日這2個月內，上漲了1000點的理由就是箱型突破。價格突破了自10月起維持了近2個月的長期整理之後，產生了巨大的變化。此外，在這個上升局面中，我們在section 6解說的8月24日到9月20日這個更大的箱型被突破也有很大的影響。

▌再大的箱型也會「服從事實和理論」

請觀察圖11英鎊兌美元的日線。

圖中價格在達到2018年1月25日的高點之後，並未於隔天的1月26日繼續刷新高點。因此1月25日為箱型頂點的可能性很高。然而，由於價格也沒有跌至1月25日的低點下，因此仍無法下定論。然後，隔週一的1月29日，高點同樣沒有刷新，但卻跌破了1月25日的低點。此時便可確定1月25日為當前波段的頂點。

那麼，這個時候相對於1月25日的頂部，箱型的底部究竟位在哪裡呢？

觀察圖表，最接近1月25日高點的低點是1月11日。25日的最高價為1.43443，11日的最低價為1.34583，約有1000點的差距。箱型的範圍高達1000點，代表如果要在1月25日的高點上方掛買單，停損點就得設定在相距1000點外的下方。在這種情況之下，

圖11. 根據事實尋找底部

英鎊兌美元　日線　2018年1月

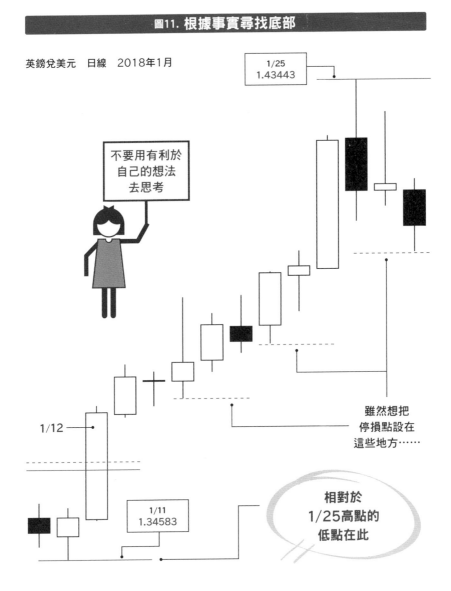

1/25
1.43443

不要用有利於
自己的想法
去思考

1/12

雖然想把
停損點設在
這些地方……

1/11
1.34583

相對於
1/25高點的
低點在此

一般人很容易產生「萬一停損單成交的話就慘了」的疑慮，因而萌生「還是把停損點設在近一點的地方好了」的想法。

然而，絕對不可以這麼做。

這種想法，純粹是出於我們操作資金的便利和主觀好惡，而市場是不會考慮個人狀況去變動的。要冷靜地分析市場，不管怎麼說，重點在於「你必須順應」市場變動這個事實。用自己的想法和願望去解釋市場，將會導致錯誤的判斷和損失。

從1月25日的高點回溯之前的K線變化，直到1月11日為止，低點一直在往下推移。因此反過來看，從1月11日往前推移，直到1月25日為止（正確來說是1月26日），低點一直在往上走。也就是說，1月25日和1月11日形成的箱型才是事實。

如何因應不合期望的事實

面對這種不符合期望的事實，我們應該怎麼辦呢？

首先，可以選擇**休息**。

我們這種個人投資者的特權之一，就是可以不進場投資。完全不需要勉強去操作不擅長的行情。

例如這次所用的英鎊兌美元的例子，如果你覺得「箱型的範圍太大」，那麼遠離這個貨幣對也是很好的戰略。在市場上，膽小也是一種優點，有道是「君子不近危處」。

第二條路是，**冷靜地接受價格變化的事實。**

1月25日之後，英鎊兌美元的價格變化如圖12所示。由1月11日低點和1月25日高點所形成的箱型，直到4月17日被突破頂點之前，一共維持了近3個月。

箱型的範圍愈廣，持續的時間就愈久。

換句話說，只要正確地找出箱型的頂部和底部，就可以從箱型的大小判斷市場是否會陷入停滯、有無方向，或是會迅速脫離箱型整理期。換言之，價格不會一下子就下跌1000點。此外，由於箱型範圍

圖12. 大的箱型持續時間也較長

英鎊兌美元　日線　2017年11月～2018年6月

廣、持續期間長，代表箱型突破後的價格變化也會很激烈。

　　在本節英鎊兌美元的案例中，在經歷約3個月的整理之後，箱型的頂部在4月17日被突破，風向也跟著轉變。而這次的下跌趨勢，則從2018年4月的1.43，一路下跌到2018年8月的1.26，跌了近1700點。

　　一如至今為止的介紹，只要懂得解讀英鎊兌美元日線圖的技術，就可以抓住這一年內約1000點的上升，以及高達約1700點的下跌行情。而我們投資人的工作，就是運用圖表分析這類巨大波動的可能性，然後抓住市場的動態。

圖13. 大箱型內不易產生方向感

美元兌日圓　月線　2015年4月～2018年9月

123.719

原始箱型

98.907

▌留意「原本的箱型位置」

在大箱型出現之後，緊接著會有一段長時間的整理期，關於這部分，我在介紹道氏理論基礎的前作當中，曾經以美元兌日圓為例加以說明。

> 從這本書預定上市的2017年12月至2018年以後的美元兌日圓，形成了123.719至98.907這個箱型，在此箱型被突破之前，預期價格將不停地上下來回。

　　實際上，在本書執筆的2018年9月當下，美元兌日圓的價格如圖13所示，在123日圓和98日圓的箱型之間來回。一如圖表中的○和箭頭所示，原本應該突破箱型繼續移動，但箱型突破最後卻變成「假訊號」，出現了好幾次又往反方向移動的現象。換言之，日線的方向仍不明確。

　　遇到這種場面，相信很多不懂圖表分析的人都會感覺「技術分析好難」。但這其實是因為你只看到了眼前的動態。之所以會感到迷惘，有時只是因為忽略了原始的箱型，也就是更大箱型的頂點和底部而已。所以遇到價格方向頻繁變換的情況時，請記得拉長時間單位，檢查更長時間軸和週期下的箱型。

　　如同本書開頭的金字塔圖所示，理解「事物的根本」和「原本的樣貌」是很重要的。本例中美元兌日圓的月線圖也一樣，由於圖13是月線圖，因此可推知美元兌日圓的方向可能在未來很長一段時間內，都很難確定明確的方向。

　　然而，美元兌日圓處在巨大的箱型之中，也不代表就一定沒有獲利的機會。**重要的是能否找出價格變化的關鍵節點，或是買賣雙方的勢力分布這些看不見的訊息**（這就是技術了）。

　　美元兌日圓在巨大的箱型內沒有明確的方向，意味著市場上多數的投資人還沒有完全決定要加入哪一方。所以價格不會朝單一方向持續移動。而且價格容易收斂在仍未下定決心的市場參加者可以靈活轉向的中線附近。

　　一旦具備這類價格變化或技術分析的基本知識，便可結合圖表分析，在不易採取行動的行情中建立戰略。

大箱型內的波動
較不穩定，
不易獲利

▌ 再劇烈的價格波動也有休止的時候

繼續回到先前英鎊兌美元的例子。

因為突破後的急漲，1月11日到25日的箱型範圍達到了1000點左右。這代表這2個禮拜之間，幾乎所有人都在買入英鎊兌美元；相較於一定也存在的賣家和獲利了結的買家，買方是更強勢的。

買單一口氣增加這麼多，也可以想成是賣家一口氣大幅減少。

之前也提過很多次了，對市場而言，買家和賣家缺一不可。一旦市場過度向其中一邊傾斜，移動得太過靠近一方，買賣的對象就會大幅減少，令市場價格停擺。因為沒有賣家的話，買家就沒得買；而沒有買家的話，賣家也不能出手。

除此之外，如果市場參加者對於目標價有共識，有時候價格愈接近目標價，產生波動的力量也會變弱。而本次介紹的英鎊兌美元的例子，則是買家減少的情況。所以在目標價附近，有可能會出現強力的賣家。

無論如何，一旦高點確定，市場就會變得較不容易移動；只要高點沒有更新，這個高點就是箱型的頂點。誰也不曉得在這附近會發生什麼事情，而從結果來看，1月25日的價格成了英鎊兌美元的價格頂點。

▌ 箱型突破為進場時機

在急劇變化的過程中，有時會跟這次介紹的英鎊兌美元一樣，沒

有任何反彈或回檔。布林通道中所說的擴張就是這種情況。在市場一口氣往其中一方移動時，經常會發生這種狀況。這大概是因為在前面的箱型中，市場參加者的數量減少，使得流動性下降所導致。因為許多投資人在箱型整理區內都會盡量避免進場交易，而是採取跟本書一樣，在箱型上下側等待突破的戰略，所以一旦價格突破箱型，便會發生暴衝。

如此一來，由於不會出現可以進場的回檔低點和反彈高點，因此後來才進場買進或賣出的人，大都是不看圖表，依賴基本面或自己的想法，以及市場的消息來操作的人。至少懂得技術分析基本的人，除非使用短週期的線圖操作，否則是不會在這種地方進場的。因為他們早已在箱型的上下側建立了倉位，除非在線圖上看到顯示適當交易時機的訊號出現，否則是不會進場交易的。

在這種急漲的場面，一旦升幅開始收斂、上升速度出現減緩的徵兆，買方就很可能會了結獲利。因為他們是預期價格上揚才買進的，所以價格上不去的話就了結獲利，這也非常合乎邏輯。如此一來，市場價格就會因為買方的獲利了結而下跌。同時，看到價格從高點下跌之後，也會有人開始掛出賣單進場。

而在高點止漲之後，英鎊兌美元的價格一如圖14所示，自1月25日的高點跌至1月30日的低點1.39799，約下跌了360點。花了2個禮拜才漲上來的價格，只用了3天就跌掉漲幅的30%。這就是財經節目上常說的「急漲後回檔整理」的場面。

此時，不瞭解價格變化原理的人，常常會以為這裡就是回檔的低點。換言之，就是看到1月31日的價格升破1月30日的高點之後，以為1月30日是低點，所以還會再上漲。

然而如果是認真讀到這裡的讀者，應該會想到箱型的底部不是1月30日，而是1月11日，所以這裡仍然在箱型內部，方向尚不明朗

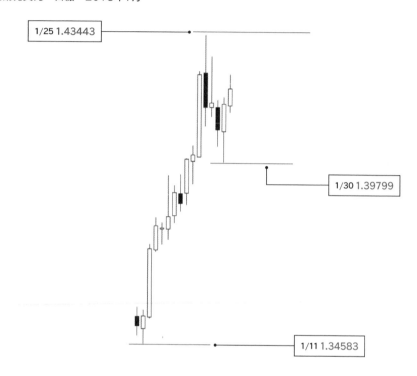

圖14. 俗稱「整理」的場面

英鎊兌美元　日線　2018年1月

1/25 1.43443

1/30 1.39799

1/11 1.34583

才對。

　　想要追加買倉的話，應該等到價格超越1月25日的高點、突破箱型之後，否則價格仍然隨時有下跌的風險。萬一建立買倉之後，價格馬上跌破1月30日的低點，那就虧大了。在方向不穩定的箱型內建立倉位，就等於在賭「運氣」。

　　如果運用圖表分析，依循價格變化的事實，就應該在箱型突破的時候，也就是1月25日的高點上方買進，或在1月11日的低點下方賣出才對。

不怎麼上道的價格分析

把1月30日的最低價當成目前的底部和回檔低點的人，應該也會認為1月31日的最高價超過1月30日的最高價（高點更新），或是31日的最低價不可跌破30日的最低價（低點未更新）為必要條件才對。否則，由於價格仍有很高的可能性繼續下跌，就不可能把1月30日當成回檔低點。

因此就算把1月30日當成回檔低點而準備買進，也必須等待1月31日的價格跨越前日高點，或是等到2月1日確定31日的K線四值之後。而結果就如同下一頁的圖15。

價格自本以為是底部的1月30日往上爬之後，只上升到2月2日，略微超過前一天的高點1.42767、達到1.42771就停止，然後一口氣轉跌，跌破1月30日的低點。

慢半拍會成為市場的冤大頭

為什麼價格會在2月2日突然一口氣轉跌呢？讓我們試著來分析看看。

在原始箱型的起點，也就是1月11日的急漲處買進的人，一定會透過圖表分析注意到價格在1月25日的高點止漲。而他們並不是傻瓜，所以一定會想到如果現在不了結獲利的話，萬一價格轉跌至建倉價下，就賺不到半毛錢了。然而，由於買方一定會盡可能用高一點的價格賣掉部位，因此他們會冷靜地等待其他人在1月30日這種低點買進。沒有趕上上波急漲行情的人，通常會在這種稍微下跌的時候補票進場。例如用短週期線圖進行交易的人、不懂技術分析的人，或是本文一開始提到的那種自己亂分析的人。買方會等待這些人進場推高價格後再說。

而晚到的人比較容易在2月1日之後進場。這是因為在1月30日

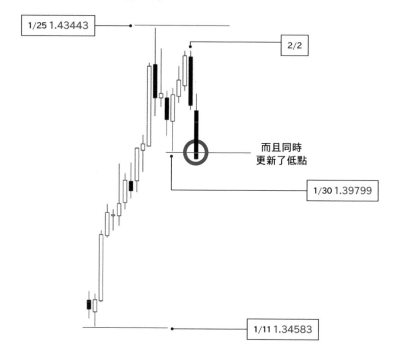

圖15. 當前的低點被輕易跌破

英鎊兌美元　日線　2018年1月～2月

1/25 1.43443

2/2

而且同時
更新了低點

1/30 1.39799

1/11 1.34583

的低點確定後，便很容易在等待1月31日的K線四值確定，檢查是否突破1月30日的高點之後，於1月30日的低點下方設置停損點進場買入。

　　因此，在急漲之前就已持有買倉、一直在等待時機了結獲利的投資人，便會在2月1日價格漲到1月25日的高點附近時，一口氣平倉賣掉。而這次的峰值在2月2日。

　　市場大幅變動之後，如果沒有明確的技術面根據就貿然進場，很容易淪為荷包已經賺飽的投資人的獵物。在箱型內建立新倉之所以存

在風險，就是因為價格很容易受已經持有倉位的投資人的獲利了結影響，而一口氣暴起暴跌，讓新進場的人來不及逃亡。

▌價格變化的幅度愈廣，代表背後的部位愈大

像這次這種大幅上漲的例子，代表背後存在大量的買單。這些買單一旦平倉，就會產生強大的賣壓。也就是說，**如果貿然在這些買單成交後進場，即使價格被推高，只要沒有脫離箱型，就仍然存在被強力賣壓一口氣從高點打回的可能性。**

要是無法控制住欲望，無論如何都想在這種時候進場，就必須縮短週期時間，隨時緊盯著價格，以便在第一時間逃跑才行。

在我看來，這種做法不但又累又危險，可獲利的空間也很小，實在沒有太高的操作價值，所以我不會積極地在箱型內部進行交易。

實際上，這波漲勢到了2月2日就一口氣轉跌，跌破了1月30日的低點。如果市場上多數的投資人都把1月30日的低點視為箱型的底部，那麼下面應該存在很強的買壓，不會那麼輕易被跌破才對。然而實際上在這裡買進的人很少，所以價格一下子就被跌破，代表從技術分析的觀點來看，這裡並不是箱型的底部。

▌箱型市場是不穩定的市場

讓我們繼續來看英鎊兌美元的後續發展。

如果在2月5日價格跌破1月30日低點的時候建立賣倉，就可以大賺一筆——應該有些讀者會這麼想吧。確實，由於跌破了1月30日的低點，價格看起來好像會繼續往下跌。加上先前從1月30日漲上來後又在2月2日止漲轉跌，所以在1月30日低點被跌破，原本往上的風向應該會因為跌破最近低點而轉下，相信應該有人是這麼想的。

然而，英鎊對美元的日線價格，仍然處在1月11日到1月25日的

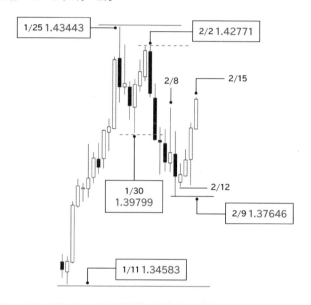

圖16. 2月9日成為箱型底部的條件

英鎊兌美元　日線　2018年1月～2月

1/25 1.43443

2/2 1.42771

2/8

2/15

1/30
1.39799

2/12

2/9 1.37646

1/11 1.34583

這個大箱型內。因為仍在箱型內，所以誰也無法確定風向什麼時候會
變。這是價格方向非常不穩定的狀態。

　　跌破1月30日低點的跌勢，如圖16所示，一路跌到2月9日的
1.37646。然而，跌勢會在2月9日停止的事實，不到2月15日就無
法確定。

　　更正確地說，是要等到2月14日的收盤價決定時才能確定。究
其原因是因為2018年的2月9日是週五，中間隔了一個週末，而2月
12日的價格則在2月9日的高低點內推移。也就是第二章解說的2條
K線的關係為線形D（參照53頁）。

圖17. 放大來看的話

英鎊兌美元　日線　2018年2月

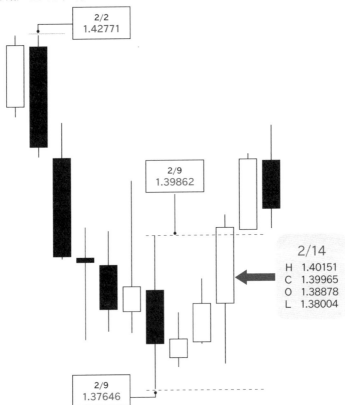

2/2
1.42771

2/9
1.39862

2/14
H　1.40151
C　1.39965
O　1.38878
L　1.38004

2/9
1.37646

　　換言之，2月12日的價格被包在2月9日的高低點圍成的箱型內。而隔天13日的價格同樣在9日的箱型內，直到14日才終於升破了9日的高點。然而在14日時，仍然存在之後突然急跌，跌破9日低點的可能性。

　　因此，仍有形成線形B的可能性。所以在15日到來、確定14日的收盤價之前，仍然無法確定9日的價格是否為當前低點。直到15

日，確認9日和14日的線形為型態Ａ，才確定了向上的風向，以及2月9日的確為當前低點。

在箱型內操作的難度很高

自2月2日開始的下行趨勢跌破1月30日的低點，如果有事先在此處掛出限價賣單、自動建倉的話，停損點就會是在2月2日的高點上方。然而之後價格跌到2月9日便停止下跌。此時，應該要把停損點從2月2日移動到最近高點的2月8日。

如果趨勢是向下走，那麼價格理應不會回到2月8月的高點，而是繼續下跌。但現實是在2月15日，價格升破了2月8日的高點。換言之，在價格跌破1月30日低點時建立的賣倉，最後反而虧了錢。

為什麼逢高就開始等著賣出？

英鎊兌美元的價格往上漲，觸發位於1月30日低點、2月8日高點上方的停損單（＝買回的平倉單）後，又在16日一口氣轉跌（圖18）。這就跟2月2日價格稍微突破前日高點之後，急速轉跌的情況類似。

在1月25日到達高點後過了幾個禮拜，價格依然沒有突破1月25日高點的跡象，此時，已經持有買倉的人會在哪裡賣掉、以多高的價格平倉，就成了關注的焦點。站在這些買家的角度，通常會想在價格快要突破箱型內的高點，或是遲來的買單增加、推高價格時賣出。而2月16日很可能就是那樣的時機，因此瞬間拋出了很多賣單。此外，從賣方的角度來看，一旦價格上揚，他們也會跟著賣出。因為對把1月25日視為箱型頂點的賣方而言，這種跌深反彈正是絕佳的賣出點。

不過，上述的買方和賣方都屬於沒有明確戰略、憑著感覺交易的人。這類人大多不會有戰略地運用限價單進行交易，而是習於用市價單直接進場。否則的話，就很難及時應對這類價格波動。

圖18. 箱型的上方壓力很強

英鎊兌美元　日線　2018年1月～2月

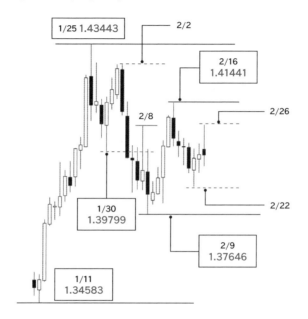

▌ 小箱型內的波動很不穩定

　　自2月16日開始的跌勢，在2月22日的1.38570止跌。由於沒有跌破2月9日的低點，因此之後如果能升破2月16日的高點，就還存在刷新高點、低點上爬，回到上升趨勢的可能性。

　　此時整理一下目前的狀況，在1月11日和25日形成的最大箱型中，還有一個2月9日和2月16日形成的箱型，而且在這個箱型中，還有2月22日與2月26日形成的更小箱型。隨後價格於2月28日跌破22日的低點，開始往下移動。這天的跌勢跌破了大箱型底部，也就是2月9日的低點，隔天3月1日更跌到了1.37118（圖19）。

　　觀察至今為止的價格變化，高點從1月25日、2月2日、2月16

日、2月26日依序往下走，而低點也從1月30日、2月9日、3月1日陸續刷新，可知在1月25日的高點之後，英鎊兌美元便在1月25日和1月11日的箱型內形成下跌趨勢。

▌不曉得高低點在哪裡就拉長時間來看

觀察細微的價格變化，英鎊兌美元從1月25日以後，高點便不斷下切，低點也不斷刷新，在1月11日和25日形成、跨度達1000點的大箱型內，呈現和緩下跌的趨勢。

1月25日之後，雖然高點的確不斷往下，但如果只比較2月8日和16日的價格，價格仍是往上升的。而且22日的價格也比9日的價格更高。

那麼究竟該怎麼做，才不會被這類的波動所迷惑呢？

首先最重要的是，**掌握大箱型的位置**。

一如我們在本節開頭提過的，英鎊兌美元當前的狀態，本來就處在1月11日和1月25日的大箱型內，而價格在箱型內的方向是不穩定的，隨時謹記這點並保持警戒非常重要。

另外，還可以把多條日線綁成一束來尋找高點和低點，以此判斷市場的風向，換言之，以此方法找出的高點和低點，應該就跟更長週期的線圖——本例中為週線圖——的高低點位置是一致的。

因此，觀察1月到3月的價格週線圖，儘管帶有影線、令人不知道該如何判斷的2月8日高點（1.40654）和2月22日低點（1.38570），在日線圖看來是波段的高點和低點，但從週線圖看來卻不是如此。換言之，以上的日線高點和低點，都只是週線上K線內的一點。

在市場上，時間單位愈大的價格變化，影響力愈強，所以在分析線圖上的重要高低點時，除了日線之外，如果同時也是週線的高點或低點，可信度就愈高。在分析圖表時，加入長時間週期的線圖一起分

圖19. 低點更新

英鎊兌美元　日線　2018年1月～3月

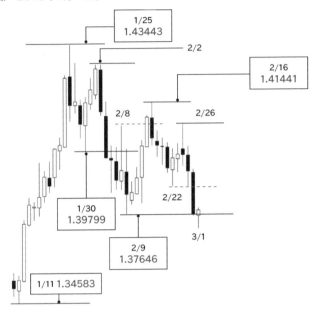

析，可以減少判斷失誤的機率。

▌ 有時也有賺錢的時候

　　2月2日的高點與2月9日的低點所圍成的箱型，一如前述，在2月28日被跌破。然後在隔天3月1日觸及1.37118的低點之後，市場又再次急轉彎。

　　如果以3月1日為箱型底部，那麼2月26日或2月16日的高點就是箱型的頂點，為風向的轉換點，所以一旦價格升破此箱型，原本向下的趨勢仍有轉揚的可能性。

　　隨後英鎊兌美元的價格往上升，達到了3月21日的高點1.41492。

圖20. 再次跨越轉折點

英鎊兌美元　日線　2018年1月～3月

這個高點已經跨越了以3月1日低點為底部的箱型頂點，也就是2月16日的高點1.41441。

換言之，在價格跌破2月9日低點（1.37646）時用限價賣單建立的賣倉，會在箱型的頂部（2/16）停損，造成360點以上的損失（圖20）。

由於價格升破了箱型，因此如果在2月16日的高點上方以限價買單買進的話，如圖21所示，便應該在3月1日的低點設立停損點。之後只要依循道氏理論維持買倉，便可在價格於4月16日漲到與1月25日高點同高的1.43443，以及17日的1.43756時，賺到約200點的價差。

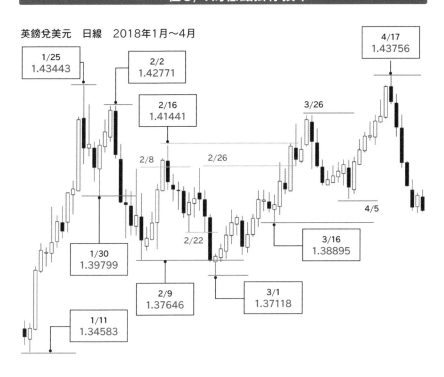

圖21. **在3/1的低點掛停損單**

英鎊兌美元　日線　2018年1月～4月

在大箱型內部操作，辛苦又賺不到錢

以上我們根據英鎊兌美元的日線圖，分析了從箱型的頂點1月25日的高點開始，到此高點被更新的4月17日為止，一連串在箱型內操作的選項和方法。過程中我們頻繁改變操作方向、變更限價單設定，甚至執行了停損，用了各式各樣的操作。

然而，從最終的收益總和來看，費了這麼大工夫，卻沒有賺到多少錢。因為在箱型內的這段期間，價格沒有明顯的方向，所有趨勢都維持不久。一如前幾節介紹的，只要抓住容易獲利的趨勢，盡可能在價格每次突破箱型時就增加部位，便可有效率地獲利。然而如果每個

趨勢都持續不久的話，就必須頻繁地進行操作，而且很難賺到錢。

▋ 遇到大箱型時就暫時休息

本章介紹的英鎊兌美元是使用日線圖操作，但如果把時間單位縮小至1小時，在1小時線圖上，日線圖中的箱型看起來也是有趨勢的。然而縮小時間週期，意味著獲利的空間也會縮小，而且如同前面提過的，還必須隨時緊盯著市場才行。

畢竟，每個小時都會形成一條新K線。換句話說，我必須用不符合自己平常步調的方法去操作。

而用自己不常用的方法就容易犯錯，況且獲利空間也很小，對我來說實在沒有吸引力。換言之，一如153頁所寫的，**遇到這種大範圍的箱型區時，在機會到來前暫時停止交易才是最好的選擇**。

自古以來，日本便存在「**等待也是一種操作**」、「**休養也是一種方法**」的市場格言，我相信，市場上的贏家們也不會勉強進場，如果找不到機會就暫時休息。而這種巨大漫長的箱型，就是應該休養生息的時候。

如果在自己平常操作的線圖週期上看不到交易變化，感覺一直被反覆來回的價格弄得七上八下時，稍微拉長時間單位、重新檢視市場的局勢，是非常重要的。

這麼做不僅可以幫你找出市場的大方向、減少迷惘，還可以降低風險。價格變化與所用的時間單位，對於交易是非常重要的。

箱型市場的特性

❶ 箱型的範圍愈大
持續期間也愈長

❷ 不論多漫長的箱型
也一定有被突破的時候

一定要記住!!

❸ 箱型的維持時間愈長
突破時的波動也愈大

強力的上升行情
極少瞬間崩盤

▌1月11日起的低點也連續爬升了11次

本章介紹所用的英鎊兌美元日線圖，自1月11日到1月25日出現了一波強勁的漲勢，緊接著又進入了一個巨大箱型整理期，直到4月17日才結束。這個維持了近3個月的大箱型在4月17日被突破之後，形成了**多頭陷阱**，又突然轉跌。

這個陷阱的根源如圖22所示，來自1月11日到1月25日的強漲。觀察1月11日之後的日線低點，出現了連續11根K線低點爬升的情況。儘管並非每天都刷新前日高點，同時也有出現陰線（1月19日），但低點卻一直往上爬。這顯示在上升過程中，雖然有獲利了結的賣單出現，但價格始終沒有跌破前日低點，一直維持上升的風向。換言之，這是非常強勁的上升動力。

▌買壓夠強的話，投資人會在回檔時重新買回

一旦形成如此強力的牛市，投資人便會建立大量的買倉。連續11個交易日的低點都往上升，而且總價格上升了1000點，這麼大量的買倉不太可能一口氣消化掉。除非出現非常重大的市場消息，否則不可能急轉直下。因為買壓愈強，一旦價格跌下來，馬上就會有其他人接力進場。

而1月25日成為區段的頂點，表示這個位置是賣方的勢力較強，其中不一定全都是新的賣單，也包含了買方的獲利了結。因此，英鎊

圖22. 低點往上爬的過程

英鎊兌美元　日線　2018年1月

日期	低點	
1/29	1.40255	低點更新
1/26	1.41093	低點上移
1/25	1.40826	〃
1/24	1.39941	〃
1/23	1.39160	〃
1/22	1.38574	〃
1/19	1.38389	〃
1/18	1.38049	〃
1/17	1.37566	〃
1/16	1.37421	〃
1/15	1.37219	〃
1/12	1.35301	低點上移
1/11	1.34583	低點

兌美元的行情雖然一路下跌至3月1日，但跌勢相對和緩，沒有一口氣暴跌。所以價格才會在箱型內緩慢遊走了好一陣子（參照161頁的圖21）。

此後，從3月1日到4月17日，價格持續往上升。這顯示了買單的增加數量大於買方的獲利了結和新建的賣倉數量。這可能是因為在1月25日之後的下跌中進行獲利了結的買方，又重新進場買進；也可能是因為看到價格跌不下去，讓某些人判斷價格可能還有上漲的空間，而選擇加入買方。由於這些因素的作用，才使箱型持續了這麼長的時間。

美元兌日圓
也在突破箱型後
波動了近20日圓

▌再長的箱型也一定有被突破的時候

　　這世上沒有突破不了的箱型。箱型持續的時間愈長，愈要耐住性子避免衝動出手，或是嘗試不適合自己的交易方法，因為很多人都是因為這樣而賠錢的。其中也有人賠掉在趨勢行情中賺到的所有獲利，而忍不住衝動在箱型內部進場的人，有很高的機率都無法活下來。

　　記憶中我見過最長的箱型整理是，2013年安倍經濟學政策開始實施時的美元兌日圓。當時美元兌日圓的兩段式箱型持續了一年半。接著讓我們來看圖23的美元兌日圓週線圖，追蹤後續的價格變化。

　　美元兌日圓在2011年10月31日跌至史上最低價的75.57。此後價格在70～80日圓的超低價位（日圓高價）間推移，直到2012年11月16日民主黨的野田佳彥首相解散眾議院。當時在野黨的自民黨總裁安倍晉三提倡安倍經濟學，並於12月16日的大選中奪回政權。

　　在這場關鍵大選之後，安倍經濟學的行情開始在金融市場發酵。2013年4月4日，日銀總裁黑田東彥宣布激進的量化寬鬆政策。這項消息使得美元兌日圓一口氣上揚，上漲到5月22日的103.773。然而，之後價格沒有繼續上漲，形成箱型，直到12月13日為止，持續超過半年之久。期間，美元兌日圓的高點為5月22日的103.773日圓，低點為4月2日的92.564日圓，形成範圍高達5日圓的箱型。

　　這個箱型在12月13日被突破了頂點，不過在2014年1月2日的105.449時，又再次進入箱型整理。第二個箱型的底部是10月8日

圖23. 美元兌日圓的2個長箱型

美元兌日圓 週線 2012年～2015年

的96.567日圓，價差高達9日圓，但由於美元匯率在1月2日以後就沒有再跌破100日圓大關，因此實質上仍是5日圓幅度的箱型。這個箱型直到9月5日才被升破，持續了9個月之久。

▍箱型突破之後波動了約20日圓

最初的箱型持續了約半年，而緊接在後的第二個箱型則持續了9個月，實際上相當於從2013年4月到2014年9月持續了約一年半，這是個漫長到令人窒息的整理期間。然而，在箱型整理結束之後，美元兌日圓的價格在不到一年的時間就上升了約20日圓。就算不勉強

圖24. 價格在宣布量化寬鬆之前就已上升

美元兌日圓　日線　2012年10月～2013年6月

在箱型內部進場，只要耐心等待，就能賺到20日圓的價差。

順帶一提，雖然有些離題，但很多人都以為當時美元兌日圓的價格急漲是因為日銀總裁黑田宣布量化寬鬆所致，但這其實是錯誤的。根據道氏理論，市場的價格變化包含了所有的消息。觀察圖24的美元兌日圓日線圖，便會發現價格並不是在日銀公布量化寬鬆政策之後才上漲，早在之前就已經處於上升趨勢中了。

▍就算錯過一次也還有很多機會

然後第二次的量化寬鬆政策，於2014年10月31日公布。一如我們用圖23說明過的，無論多漫長的箱型也一定有被突破的時候。而

圖25. 就算錯過第一次也還有機會

美元兌日圓　日線　2014年5月～2014年11月

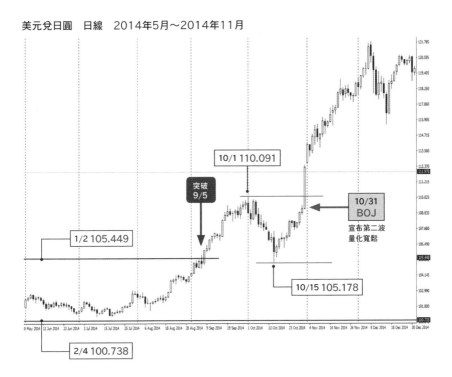

由2013年10月8日的低點和2014年1月2日的高點所形成的箱型，儘管看似持續了很久，但因為進入2014年之後，價格就未曾跌破2月4日的底點，所以實際上1月2日到2月4日是另一個箱型。

而這個整理的型態，在9月5日時終於被向上突破。此後價格在10月1日的高點停止上揚，又在10月15日止跌。而就在10月1日到10月15日的箱型期間，日銀又宣布了新一波的量化寬鬆，隨後價格向上突破了這個箱型（圖25）。

由於9月5日的大箱型已經被突破了，價格隨時存在急速上揚的可能性，因此就算沒有趕上9月5日的箱型突破，只要在10月1日的高點上方掛買單，就能趕上俗稱黑田火箭筒2的第二波量化寬鬆。

當技術分析失靈、無法判斷行情時，不妨直接撤退

▎不要太盲目相信技術分析

看完前面技術分析法則適用的例子之後，很多人會產生市場是由技術面推動的錯覺。

然而這其實是大錯特錯，不過是剛好連續幾個例子都一帆風順、沒有失準而產生的錯覺罷了。我們在第一章曾說過，市場唯一的真實只有價格變化。價格變化來自於買方和賣方的攻防，圖表只是用來尋找買賣雙方的角力關係。而價格變化分析和技術分析所做的也不過如此。只是根據價格變化的事實推論出市場狀態的一種手段而已。

所謂的技術分析是一種用來尋找推動市場的多數派，幫助投資人站對邊的工具，而在多數派不明顯的情況下交易，產生虧損的風險很高。所以我才建議各位讀者不要在箱型整理期進場交易。

像本書這樣的技術分析書，傾向於只列出成功的案例。而我在剛接觸投資的時候，也曾因為現實並不如書上寫的那麼順利而無所適從。現實中不可能總是一帆風順，所以本節我們要來談談那些**容易讓人無所適從，以及技術分析會失靈的例子**。

▎從大趨勢來看，市場正在做空英鎊

讓我們來看下面英鎊兌日圓的價格走勢。圖26與161頁圖21所舉例的英鎊兌美元的日線圖一樣，都是2018年1月11日之後的價格變化。

圖26. 難以理解的英鎊兌日圓一例

英鎊兌日圓　日線　2018年1月～8月

在圖21中，英鎊兌美元1月11日的低點和25日的高點所形成的箱型，在持續了約3個月之後，於4月17日一度升破箱型，但隨後卻變成多頭陷阱，迅速轉跌。另一方面，在圖26中，英鎊兌日圓的價格從年初開始便一直起起伏伏。

▌注意3個轉折點

而在這張英鎊兌日圓的價格走勢圖中，最需要特別留意的是圖中虛線所指出的轉折點。具體而言就是1月30日的低點、2月21的高點，以及4月2日的低點三處。

首先，在價格跌破1月30日低點的瞬間，先前突破1月25日高點所形成的上升風向就消失了。1月11日和25日所形成的箱型，在25日的高點被突破之後，形成了1月30日和2月2日的新箱型，然而這個箱型卻被跌破了底部，使上升的可能性降低，暗示了市場或許會轉跌。

之後趨勢如果要繼續上升，價格就必須突破2月2日的高點，然而最後卻往下跌。因此英鎊兌日圓的日線轉換到了下行趨勢。

▌2/21的高點更新終結了下跌趨勢

跌破1月30日的低點、轉為下跌趨勢之後，英鎊兌日圓的日線持續刷新新低，直到2月14日止跌。此時最近的高點在2月8日，因此2月8日和2月14日形成了箱型。

這個箱型在2月28日價格跌破14日的低點時消失，之後又繼續跌到3月2日。這波跌勢使箱型的範圍從2月8日至14日，移動到了2月21至3月2日。

因為是往下移動，所以趨勢是往下的；但要維持這個趨勢，價格就不能刷新2月21日的高點。道氏理論將下跌趨勢定義為刷新低點而不刷新高點，所以在2月21日的高點被刷新的那一刻，下跌趨勢就已經告終。

然後，新一波的趨勢在4月6日產生。價格在4月6日升破2月21日的高點（＝轉折點），終止了下跌趨勢，而接下來要關注的就是這波漲勢能漲到哪裡。這波轉換後的上升趨勢持續到了4月13日，在確定4月13日為波段的高點時，最近低點的4月2日就形成了箱型的底部（參照圖26）。

▌從短期線圖來看，中間還存在小箱型的突破

在3月2日到4月13日的這波漲勢中，價格升破2月21日轉折點

圖27. 不同時間單位下的趨勢

英鎊兌日圓　日線　2018年1月～4月

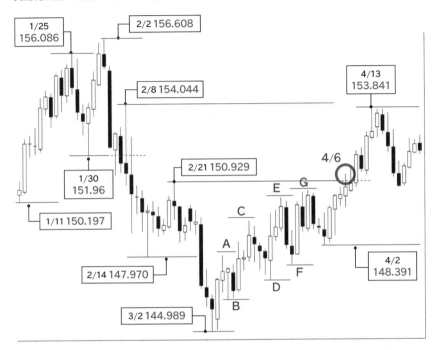

的同時，日線上也出現了數次高點和低點的更新。具體動態便如放大後的圖27中的A到G。雖然每次波動都是一個小箱型的向上突破，看似形成了上升的趨勢，但由於整體波動都被包在2月21日至3月2日的箱型內，因此這些小箱型一點也不重要。

需要留意A～G這一連串波動的，不是用日線圖，而是用更短期線圖進行交易的投資人。這就跟英鎊兌美元1月25日到3月1日的下跌結構相同。

回到圖27，自3月2日開始的這波漲勢，焦點在於是否能突破2

月21日的轉折點，也就是4月6日的向上突破。

　　然而在2月21日的高點之上，還存在2月8日的高點，這裡也是一條可能形成抵抗的壓力線。尤其觀察2月8日的K線，可以看到清楚的長上影線。換言之，這條K線顯示了英鎊兌日圓從2月2日開始下跌的過程中，雖然因為某種原因在2月8日急漲，但又在2月8日的高點附近忽然湧出大量的賣單。換句話說，在2月8日的高點附近，存在著使漲勢一口氣下跌的強大賣壓。

　　英鎊兌日圓要想真正轉入上升趨勢，在跨越2月21日的高點、提示由跌轉升的可能性之後，接著還必須向上穿越2月8日的高點。

　　突破2月21日的高點之後，接下來關注的焦點就是能否穿越2月8日的高點，但最後漲勢在4月13日的高點止步，沒能觸及2月8日的高點。這表示在2月8日的高點附近，賣單的數量大於買單。又或者買方準備在2月8日的位置進行獲利了結。不論何者，總之所有的市場參加者都很重視2月8日的高點，因而減弱了買進的力道。此時，原本向上的箱型就移動到了4月2日和4月13日的位置。

　　接下來回到圖26。上升趨勢只到4月13日的高點，沒能穿越2月8日的高點，這意味著價格很可能已經無法再上升。所以英鎊兌日圓的匯率又開始下跌，直到4月20日之後，才開始重新挑戰高點。但這次的漲勢也沒能回到4月13日的高點，在4月26日就觸頂了。4月26日的高點在4月2日和13日的箱型範圍內，代表突破箱型的頂點失敗。

　　市場一旦無法往上，就很有可能轉而挑戰向下，因此接下來的這波跌勢順利跌破了4月2日的箱型底部。此時，先前突破2月21日的轉折點時所產生的上行趨勢，又再次發生了轉換。

　　而且，這次的下跌是在挑戰2月8日與4月13日的高點失敗後的下跌，所以繼續跌破的可能性很高。因為圖表顯示了在這附近的空方勢力很強大。

▌遇到不易判斷的市場可以選擇撤退

　　趨勢出現的時候，價格通常不太可能突然倒轉方向，越過另一頭的轉折點。一如前面講解過的，所謂的**趨勢就是連續發生的箱型和同方向的箱型突破**。而所謂的趨勢轉換，其實就是價格往與原本相反的方向移動，跌破另一邊的箱型邊界，使風向轉變。如果風向頻繁地轉換，那就不是趨勢。然而，如果遇到明明沒有箱型存在，市場的方向卻又不停改變，這種時候就不適合出手。

　　另外，遇到這種狀況時，如同先前提到的英鎊兌美元的例子，將其置於大箱型內思考，並從週期更長的圖表來進行確認也很重要。

　　以本節所舉的英鎊兌日圓為例，1月30日跌破低點之後，2月21日又突破高點，這種短時間內兩度轉換方向的情況，就屬於**市場方向不明確，不適合出手的市場**。

　　我們個人投資者不像銀行或進出口業者的從業員，不存在無論如何都必須買賣某種特定貨幣對的理由。一旦覺得無法判斷現在的市場動態，就請毫不猶豫地撤退，選擇其他的貨幣對交易。

這裡是
重點！

❶ 技術分析並非總是有效
❷ 頻繁轉換的趨勢不是趨勢

Section 12 從買賣操作的觀點來看箱型與趨勢

▌反向箱型突破＝趨勢結束

　　本章我們仔細探討了幾個實際案例，簡而言之，我們所做的只是在尋找買方和賣方哪邊的勢力比較強而已。

　　所謂的箱型整理，就是無法確定買賣雙方的角力關係，當原本勢均力敵的其中一方戰勝另一方時，就會發生箱型突破。而連續同方向

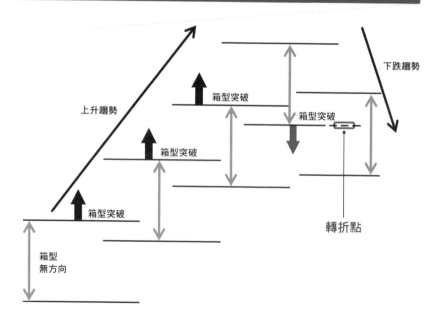

圖28. 箱型與趨勢的關係

上升趨勢

下跌趨勢

箱型突破

箱型突破

箱型突破

箱型突破

轉折點

箱型
無方向

的箱型突破會形成趨勢。所以，如果在趨勢中間發生與趨勢方向相反的突破，也就是所謂的「**轉折**」，那麼就要開始思考趨勢反轉的可能性（參照圖28）。

此時就必須移動停損點，開始準備將手上的部位結清。

這種箱型和趨勢的關係，從買賣操作的角度來看，**應該經常在箱型的上方設定買單，在箱型的下方設定賣單**。如此一來，不論價格朝哪一邊突破，都不會錯過進場時機。同時也別忘了在成交之後設定停損單。

關於買賣操作的部分，請參照圖29的箱型A與設定在上方突破處的買倉①。由於向上突破箱型就意味著買方的勢力強過賣方，因此要選擇多數派加入買方行列。然後價格漲破A的頂點之後，又在某個位置停下，形成新的箱型B。如果之後價格跌破B的底部，上升趨勢就有轉換的可能性。因為這表示賣方的勢力增強了。所以我們要在這裡同時掛出①的停損買單和建倉賣單。

由於市場趨勢就是連續出現的箱型和箱型突破，因此我們只需要重複以上的操作即可。不過想當然耳，在追加倉位的時候，也別忘了計算自己還剩下多少本金，做好資金管理。

連續的箱型與突破一定會在某處反轉，迎來轉折。在圖29中，當價格跌破箱型D的底部，上升趨勢就結束了。與此同時，趨勢也有轉跌的可能性，所以應該在此時將所有買倉平倉。我們可以同時在最鄰近的高點設置停損單，以及新的賣單。

▌在箱型的邊界附近進場，容易成為犧牲品

市場風向會因什麼原因而轉換，誰也不知道。這就跟沒人知道趨勢為什麼會產生一樣，單純只是因為多數的市場參加者選擇了買進或

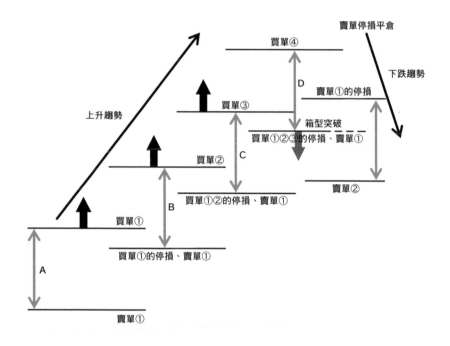

圖29. 買賣操作的概念

賣單停損平倉

買單④

賣單①的停損

下跌趨勢

D

箱型突破

買單③

買單①②③的停損、賣單①

上升趨勢

C

買單②

買單①②的停損、賣單①

賣單②

B

買單①

買單①的停損、賣單①

A

賣單①

賣出，如此而已。就算事後去尋找原因也無濟於事。

　　不過，如圖30所示，市場上經常會發生**當前止漲的高點上方恰好是過去的高點，或是低點的下方恰好是過去低點**的情況。儘管在自己慣用的時間單位上看似是很遙遠的高點或低點，但放到長週期的線圖上，卻可能是應該注意的關鍵節點。而長週期線圖上的大箱型，在短週期線圖上看起來就是趨勢。此外，持續愈久的箱型，被突破時的價格波動幅度也愈大，這點我們在前面也舉例說明過了。請各位回想一下英鎊兌美元的例子。

　　遇到這種情況時，**在大箱型的頂部或底部附近，風向很容易突然轉變，必須要特別注意。**也就是常見的在箱型的上下邊界發生的逆轉現象。

圖30. 留意長週期線圖中的箱型頂部、底部

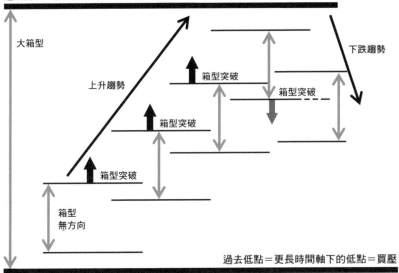

過去高點＝更長時間軸下的高點＝賣壓

大箱型

上升趨勢

下跌趨勢

箱型突破

箱型突破

箱型突破

箱型突破

箱型
無方向

過去低點＝更長時間軸下的低點＝買壓

　　上升中的趨勢在快碰到大箱型的頂點時減速，代表該頂點附近存在著賣單。之所以會形成頂部，就是因為在這上方存在強力的賣壓，同時也存在很多打賭價格無法突破此線的逆勢操作者。此外，原本乘著上升趨勢的買方也會因為這個高點的存在，了結一部分的獲利。

　　而這些動作都會削弱價格趨勢在箱型頂點和底部附近的力量，這些我們已經說明過了。正因為如此，**才應該把買單設定在箱型的頂點上方**，若是在價格尚未突破頂點前就買進，很容易淪為空方的餌食，一定要留意。

累積
「微小的成功經驗」

如前面解說過的，即使學會了依循價格變化的基礎來進行交易，理性上也知道應該這麼做，但有時我們還是會忍不住以自己的想法去進行買賣，這是人性使然。畢竟人不是完美的，這也是無可奈何的事。

然而最糟糕的情況，就是憑著自己毫無根據的想法進行交易，反而賺到錢的時候。人只要嘗過一次甜頭，那份記憶便會毫無理由地深深留在心底，很多人就是因為這樣而停止學習交易技術，故態復萌，憑著自己的感覺去交易。而結果就是收益又變得不穩定，回到原本偶爾賺錢、偶爾賠錢的狀態。

想要避免這點，就必須牢記①依循價格變化，不做沒有根據的買賣；②當依循價格變化，用有根據的方法交易卻虧錢時，只要是按照理論操作就要坦然接受──這兩項原則。

投資沒有100%賺錢的保證。有時即使按照理論去操作，仍會有賠錢的時候。此時，賠錢的不會只有你一個，而是所有使用相同投資方法的人，都得接受相同的結果。

當然，我也有過很多這種經驗。但是，現在「結合價格變化和技術分析才是最有效率且穩定的投資方法」這件事，對我而言已經不只是一份知識，而是實際幫我賺到許多利益的「成功經驗」。

PART

型態分析：另一種
重視價格波動的
高精度方法

由於型態分析是一種靠背誦「線形」來進行分析的方法，因此乍看之下似乎是一種很適合初學者的技術分析。然而，所謂的線形其實到頭來還是源自高低點的更新，所以是否瞭解價格變化的原理，對於型態分析的精準度會產生很大的影響。

不懂背後原理，死背硬記「線形」也是白費工夫

▌ 型態分析即是從「線形」去預測未來

「**型態分析**」是一種從圖表去判斷市場的分析方法。如果不懂「型態」是什麼的話，或許用「**雙重頂**」、「**雙重底**」、「**三重頂（三尊頭）**」、「**三角旗**」等名詞，各位會比較熟悉。

根據字典上對「型態（formation）」一詞的定義，這個詞具有「形成」、「組成」、「編隊」之類的意思，意指事物的「形式」。換言之，在圖表中尋找如圖1所示的「**形式**」，就是所謂的**型態分析**。

形式有時又稱為線形，意思是「當圖表上出現這種形狀時，接下來容易往上漲或往下跌」，可用來預測未來的走勢。

相信認真地從頭讀到本章的讀者都很清楚，我認為預測市場是沒有意義的行為。因為比起預測，依照現實的價格變化去採取行動，更能帶來穩定的獲利。所以，當你使用型態分析去預測未來的那一刻，就已經跟基本分析幾乎沒有兩樣了。

▌ 就算死記線形，不理解背後原理和如何應用就沒意義

型態分析和酒田五法等分析法，屬於「死背型的學習」。也就是強記K線的組成模式（線形＝型態），然後一旦在圖表上看到同樣的形狀，就採取固定的行動。雖然乍看之下只要背下線形就能操作，感覺好像很簡單，但光是死記線形是不會成功的。

光看表面的線形來進行交易，嚴格來說就跟沒有任何交易基準是一樣的。有時候會成功，有時候則不會。而且，你根本不曉得兩者的

圖1. 常見的線形

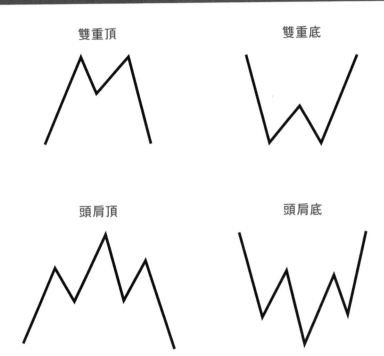

雙重頂　　　　　　　　雙重底

頭肩頂　　　　　　　　頭肩底

差異和成功失敗的原因，很容易產生迷惘。**要把線形實際活用在交易中，不能只是死記硬背，必須理解背後的原理再加以運用。**

　　在本章中，我們將以型態分析裡知名度最高的「**雙重頂／底**」、「**三角旗**」、「**頭肩**」這3種線形為例，從複習的角度來說明這些線形與價格變化的關係。

雙重頂（底）
要注意頸線和
市場轉折點的重合

▌頸線為雙重頂（底）的轉折點

型態分析的典型例子，同時也是現實中最常遇到的型態，就是**雙重頂和雙重底**。圖2為本書第四章舉例過的英鎊兌美元日線圖（參照145頁）的週線版。第四章的日線圖上，我們已經可以看出某種程度的「線形」，但換成週線圖之後，更能明確地看出雙重頂的型態。

雙重頂和雙重底的型態雖然在所有週期的線圖上都會出現，但並不是每種線圖上的雙重頂和雙重底都會按照教科書的理論發展。

在型態分析中，一如圖3所示，將雙重頂和雙重底的M字形中央的低點C，以及W字形中央的高點C稱為「**頸線**」，當E穿過C時，價格就會大幅移動。圖2的英鎊兌美元週線圖，即是在這個規則下非常典型的雙重頂型態。

▌實際的市場不會總是符合教科書的內容

然而在現實的市場中，很多時候明明出現了雙重頂，價格卻沒有下跌多少，甚至沒有下跌，反而再次衝破高點，變成三重頂或箱形整理，跟書上的理論完全不一樣。

這就是使用型態分析交易的主要問題之一。而且網路和書上介紹型態分析法時，常常像圖1的雙重頂和頭肩型一樣，不是用K線，而是只用簡化的線形圖來解說，文字說明也跟圖3一樣往往十分抽象。

換言之，**型態分析的解說通常不會像本書一樣，鉅細靡遺地分析現實的價格變化**。不過投資人卻很容易被這種不精確的說明方式迷

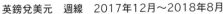

圖2. 頂部價格不相同的雙重頂

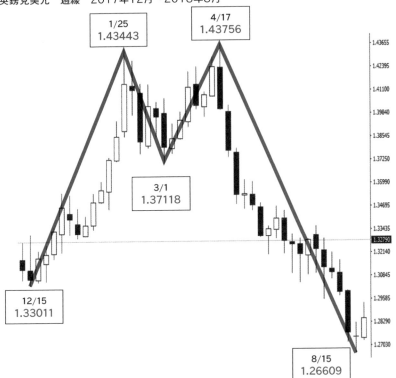

英鎊兌美元　週線　2017年12月～2018年8月

1/25
1.43443

4/17
1.43756

3/1
1.37118

12/15
1.33011

8/15
1.26609

1.43655
1.42395
1.41100
1.39840
1.38545
1.37250
1.35990
1.34695
1.33435
1.32750
1.32140
1.30845
1.29585
1.28290
1.27030

圖3. 教科書上的雙重頂（底）示意圖

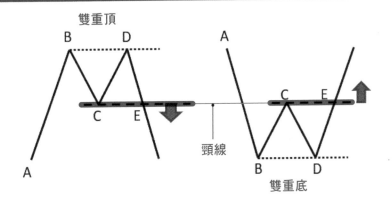

雙重頂

B　　D

A

C　E

頸線

A

C　E

B　D

雙重底

185

惑，而這就是型態分析的一大陷阱。

前面也已經說過很多次了，驅使市場改變的唯一動力，只有「買賣雙方的角力關係」。所以任何無視這點的分析方法，都等於無視市場的現實。

型態分析也一樣，如果不像前面的圖2和接下來會看到的圖5那樣，用實際的K線圖來分析，把高點和低點的價格考慮進去，基本上是不可能成功的。

我自己在學會價格變化的原理之前，也曾因為這種不精確的解說而失敗過好幾次。比如按照型態分析的法則，預測未來的價格會走跌而做空，沒想到價格不但沒有下跌，反而還掉頭上漲，因而蒙受巨大的虧損。

型態分析失靈的原因就藏在價格變化中

本書不斷強調「現實中」、「事實上」等字眼，是因為實際去分析現實世界的價格變化，你會發現根本不可能找到像圖3那樣，如同教科書所說的雙重頂和雙重底型態。

這是為什麼呢？**答案就在市場的價格變化中。**

只要實際去分析K線的型態就會發現，真實世界的價格變化很少像圖3那樣，B與D的價格完全等高，而是D比B高一點，或是B比D高一點（參照圖4）。

這種時候，雖然乍看之下像是雙重頂，但實際進行分析時，常常會讓人搞不清楚「這到底算不算雙重頂？」、「頂點真的是這個高點嗎？」相信很多人都曾有過同樣的困擾。

不去檢查K線四值，光看不精確的線形和型態來操作，最終也只會得到不精確的結果。

結果關鍵還是在轉折點

如果用實際的圖表仔細去檢視雙重頂和雙重底，應該會像圖4那

圖4. 實際上可能出現的雙重頂（底）

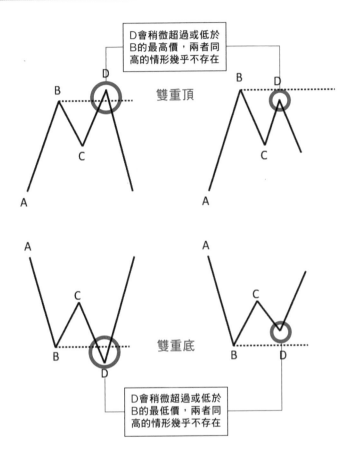

D會稍微超過或低於B的最高價，兩者同高的情形幾乎不存在

雙重頂

雙重底

D會稍微超過或低於B的最低價，兩者同高的情形幾乎不存在

樣，B和D的價格不完全相同。而這個頂點位置的差異，就是雙重頂和雙重底沒有按照理論發展的原因之一。

那麼，下面讓我們根據圖4，從頭分析一下出現在2018年英鎊兌美元週線圖上的雙重頂吧（圖5）。

從2017年年底到2018年8月，如189頁的週線圖所示，英鎊兌美元的價格在1月25日和4月17日形成了2個高點，也就是雙重頂的

型態。而頸線則是3月1日的低點。

此時要注意的是，4月17日的高點突破了1月25日的高點。因為刷新了高點，所以原本12月15和1月25日形成的箱型消失，新箱型的位置移動到3月1日和4月17日，或者是4月5日和4月17日（箱型的底部到底是3月1日還是4月5日，是現實中會遇到的難題）。

因此，4月5日或3月1日的低點就是趨勢轉換的轉折點。如果價格跌破這個轉折點，上升的動力便有可能轉為下跌。

而實際上觀察圖表，在價格跌破這2條線的地方，週線的確都出現大幅下跌，暗示買方可能在這附近進行了停損，或是有新的空頭（賣家）進場建倉。換言之，很多市場上的投資人都把這2條線看成趨勢的轉折點。

▌雙重頂有效的第二個例子

圖6是更早之前的2010年美元兌日圓的日線圖。

觀察圖表可知，4月2日和5月4日為雙重頂的型態。第一個山形為3月18日和4月2日所形成的箱型，而5月4日的高點突破了4月2日的箱型頂點，箱型因而向上移動，新的底部則移動到了4月27日的低點。

也就是說，在5月4日或5月5日時，賣單應該會設在4月27日的最低價92.816下方，或是雙重頂的頸線4月19日的低點91.584之下。具體來說，持有買倉的買方會在此處設置停損點，而由於這裡也是趨勢的轉折點，因此賣方也會把新建的賣單設在此處。而新建賣單的停損點則在5月4日的高點上方，差不多在95日圓左右。

2010年5月6日，紐約道瓊指數暴跌998點，美元兌日圓的匯率也在同一天慘跌。儘管有傳言這天暴跌的原因是下單錯誤，但詳細情況沒人知道。

順帶一提，很有趣的是，這次暴跌的背後也存在技術面的原因。雖然我沒有仔細分析過道瓊指數，不過背後可能有大戶利用這次「良

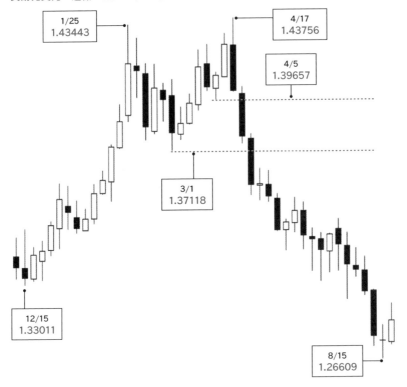

圖5. 跌破轉折點之後繼續下跌

英鎊兌美元　週線　2017年12月～2018年8月

機」，認為這會成為市場的轉折點而拋出大量空單。當然，這只是我個人的臆測，但如果我在投資基金工作，而且手上有資金的話，在價格鄰近轉折點時趨勢做空是完全合理的。從結果來看，空方也的確會荷包賺得飽飽的。

而本書就是想教大家從這種線圖的高低點找出轉折點，乘上市場轉換的大浪。

圖6. 跌破轉折點而成為新起點

美元兌日圓　日線　2010年3月～9月

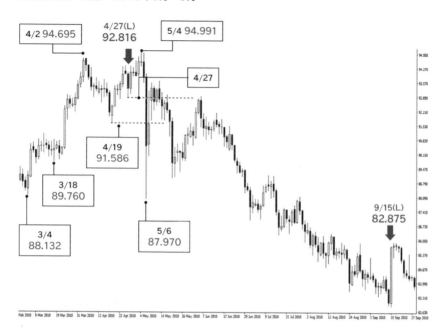

在箱型突破之後，轉折點會移動到鄰近處

　　這種第二個頂點比第一個高的雙重頂，或是第二個谷底比第一個低的雙重底，在舊箱型被突破、形成新的箱型之後，如果價格穿越鄰近的轉折點，那麼市場趨勢轉換的可能性就很高。

　　換句話說，不論是不是雙重頂、用不用型態分析，只要依照本書的解說，留意價格的高低點和變化，也可以達到與型態分析相同的效果。就算不去硬背線形、型態或酒田五法等，只要理解價格變化的原理也能簡單地看清楚市場，完全不需要擔心。

圖7. 頸線與轉折點不一致的例子

英鎊兌美元　週線　2013年～2014年

▌懂得分析價格變化，還能彌補型態分析的弱點

　　看完雙重頂的型態分析與市場實際發展一致的兩個例子之後，接著讓我們來看看型態分析失靈的案例吧。也就是死記線形卻沒有半點用處的情況。

　　在先前的圖4當中，雙重頂的第二個頂點位置沒能突破第一個頂點，以及雙重底的第二個低點高於第一個低點的情況，從圖表分析的角度來看，不管是雙重頂還是雙重底，價格變化始終都在箱型之內。

　　首先來看圖7，這是2013年到2014年英鎊兌美元的週線圖。

　　第一個低點的位置在3月12日，第二個則在5月29日，但5月29

日的價格沒有跌至3月12日之下。這是重點所在。這個雙重底的頸線是5月1日的高點，價格變化的範圍則在1月2日和3月12日所形成的箱型內。因為3月12日的低點一直沒有被刷新。也就是說，這條5月1日的頸線是沒有意義的。

然後就像是為了佐證這點般，儘管價格在6月6日漲破了5月1日的頸線1.56048，但這股漲勢只維持到6月17日的1.57504。週線明明突破了頸線卻沒有上升多少。而且之後價格又迅速跌至7月9日的低點，加上7月9日的低點還跌破了之前5月29日和3月12日的低點，形成具有三個底的**三重底型態**。

6月17日到7月9日的急跌跌破了3月12日的低點，形成了新的谷底。如此一來，原本由1月2日和3月12日形成的箱型便消失，轉移到了6月17日至7月9日的箱型。因此，6月17日的高點成為轉折點，如果未來價格升破此線，原本的下跌趨勢就有可能轉升。結果到了9月11日，價格突破6月17日的高點之後，英鎊兌美元也的確大幅升值。

只要搞懂以高低點為基礎的價格變化分析法，不僅可以掌握型態分析的弱點，甚至根本就不需要依賴型態分析。

▍重點在於頸線與轉折點是否一致

接著我們再來看看另一個例子，雖然同樣是雙重頂，但價格跌破頸線之後卻沒有大跌，反而進入箱型整理。圖8是2018年1月至2月歐元兌美元的日線圖。在本例中，第一個高點位在1月25日，第二個高點則是2月1日。換句話說，雙重頂的第二個頂點沒有刷新前一個高點，即沒有突破箱型。

「高點未刷新＝沒有突破箱型」，代表市場價格依然在第一個高點的箱型之內。到達2月1日的高點之後，價格依然在1月25日高點

圖8. 跌破頸線不等於趨勢轉換

歐元兌美元　日線　2018年1月～2月

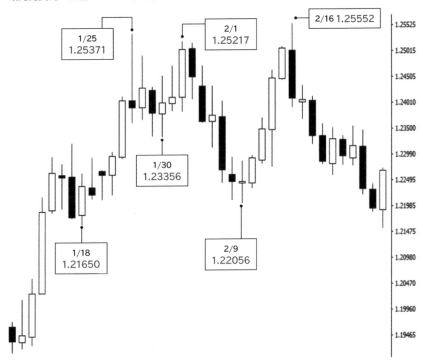

和1月18日低點的範圍內遊走。換句話說，就算跌破雙重頂的頸線，即1月30日的低點，只要還沒跌破箱型的底部，也就是1月18日的低點，價格就會繼續在箱型範圍內移動。簡單來說，**這條頸線沒有半點意義**。

在本例中，最後價格沒有跌破2月9日和1月18日的低點，反而形成了第三個頂點。市場原本以為的雙重頂非但沒有下跌，結果還變成了**三重頂**。

此時，賣在1月30日的頸線上雖然沒有馬上造成虧損，但價格在

幾天後就漲了回來。由於是在雙重頂的頸線進場，因此很快就必須面對到底要維持賣倉，還是用建倉價平倉撤退的難題。畢竟明明是雙重頂，跌破頸線後卻沒有繼續下跌。

這就是轉折點（箱型的相反側）與頸線位置不一致導致的結果，使得價格繼續在箱型內部遊走。

而第三個頂點高於前兩個頂點，也是另一個需要注意之處。如果之前在雙重頂的第二個頂點或第一個頂點上方設定停損，那麼此時停損單就會被執行。

▋ 沒有跌破頸線，趨勢繼續維持

接著再來看雙重頂和雙重底的最後一個例子——頸線沒有被突破的案例。

圖9是2018年美元兌瑞士法郎的日線圖。

美元兌瑞士法郎的日線自7月開始下跌，一路跌至8月31日的低點0.96524。接著在漲回9月4日的高點之後，又於9月7日跌破8月31日的低點。隨後價格恢復上升並向上穿越頸線，也就是9月4日的高點0.97655，理論上應該就此轉入上升趨勢。這個9月4日的高點同時也是趨勢轉折點，只要升破此線就有轉升的可能性。

9月11日，我在電郵雜誌上對會員發送了以下消息。

寄送時間：2018-09-11 12:58:37
寄件人：田向宏行

美元兌瑞士法郎匯率為0.9765

今天是9月11日。
距離2001年紐約恐攻剛好過了17年。
而今天是自6/21以來，第一則美元兌瑞士法郎的報告。

圖9. 沒有突破頸線而繼續下跌的美元兌瑞士法郎

美元兌瑞士法郎　日線　2018年7月～9月

美元兌瑞士法郎的價格，自9/7的低點0.96418開始，上漲至目前
的0.97。
如果價格能升破9/4的高點0.97655，那麼上升的動力就有增強的
可能性。

美元兌瑞士法郎雖然從8月15日攀上高點0.99810後就一路走跌，
但未來有可能形成8/31和9/7的雙重底型態。

　　簡而言之，只要突破頸線兼轉折點的9月4日高點，價格就有由
跌轉升的可能性。

而我自己的操作，不是馬上用市價單買進，而是在9月4日的高點上方設定限價買單。然而，最後價格沒能升過9月4日的高點。因此趨勢轉換沒有發生，我的買單也沒有成交。美元兌瑞士法郎的價格在之後依然維持下跌趨勢。

▎只要有變化的可能性就要加以「應對」

　　美元兌瑞士法郎雖然有轉揚的可能性，最後卻沒有轉換成功的原因，可以從週線圖的分析看出。

　　週線的狀況如圖10所示。

　　觀察美元兌瑞士法郎的週線圖可知，週線在形成雙重頂之後，成功跌破了頸線。因為7月13日的第二個頂點，向上突破了5月10日的第一個頂點，所以頸線所在的6月7日低點就是趨勢的轉折點。因此從週線來看，跌破頸線的美元兌瑞士法郎已處於下跌趨勢之中。既然週線是向下的，日線就很難大幅上升。因為週線的週期比日線更長，價格變化的力量當然也更強。

　　即使如此，價格仍然有向上反轉的機會，只是最後並沒有反轉成功。不過，這並不是問題。只要我們在圖表上正確的位置下單，就算像這次這樣買單沒有成交，也不會有任何損失。

　　從這個美元兌瑞士法郎的例子可知，由於市場隨時都在變動，就算是價格變化分析也很難考慮到所有因素，但只要市場存在改變的可能，我們就必須加以「應對」。比起單純靠記憶線形去交易，不如去瞭解價格變化的原理和圖表分析的方法，更能快人一步地對市場變化做出反應。

圖10. 長週期下的美元兌瑞士法郎

美元兌瑞士法郎　週線　2018年1月～9月

圖9解說過的區域

三角旗型無法確定
支撐線或抵抗線
孰真孰假

FX

Section

3

█ 與其用三角旗型，不如用箱型來思考

三角旗型又稱為「三角旗整理型」。會用三角旗型來分析市場的人，相信很多都是不太注意線圖高低點的人。因為如果有在留意高低點位置，應該會用箱型來檢視市場價格，根本不需要去關注在箱型內向下滑動的高點和向上爬升的低點。

簡單來說，就如圖11所示，如果有關注高點和低點的位置，應該會把線圖拆成Ａ和Ｃ，或是Ａ和Ｂ圍成的箱型，不需要去注意價格變化是否「看起來像三角形」。然而如果沒有注意高低點，或是不懂得市場變化的原理，就會嘗試去死記硬背線圖的形狀或型態。因為這樣簡單得多。於是，價格的走勢看起來就會像是一個慢慢收尖的三角形。這就是**三角旗整理型**。

右圖畫的雖然是指向正右方的三角形，但三角旗型也有幾乎貼著Ａ線往上收（上升三角形），或是貼著Ｂ線往下收（下降三角形）的型態。但不論是何者，比起注意波動範圍是否在箱型內部，都更關注高點的下滑和低點的上升。

這種把高點或低點連成線的分析法，就跟畫出支撐線和抵抗線是一樣的概念。

舉例來說，讓我們來看看圖12美元兌日圓的月線圖。

美元兌日圓的月線，從安倍經濟學政策實施後的高點125.859（2015年6月），跌至英國脫歐時的低點98.907（2016年6月），

圖11. 比起「線形」更應注意箱型突破

三角旗型的概念

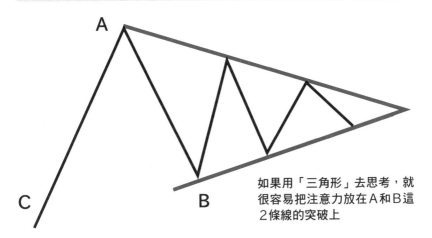

如果用「三角形」去思考，就很容易把注意力放在A和B這2條線的突破上

從價格變化的角度來看

三角形始終在高點A和低點C（或是B）的箱型內移動。而且還不斷地形成小箱型，市場是在這些箱型被突破之後才開始有所動作

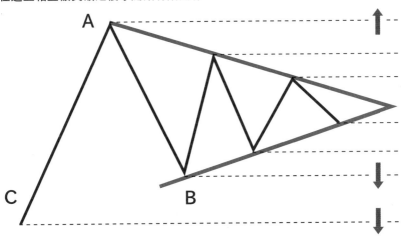

圖12. 在連續的暴漲暴落中逐漸收斂的美元兌日圓

美元兌日圓　月線　2013年〜2018年

在一年之內暴跌了約27日圓。通常美元兌日圓的全年波動幅度都在10日圓上下，所以27日圓的跌幅算是非常劇烈的波動。如此激烈的跌幅，後續的反彈通常也會很大，因此後來價格在半年內激漲了20日圓，在2016年12月的川普行情達到118.661的高點。對照2014年100日圓左右的價格水平，這2年內總共發生了3次波幅高達20日圓以上的波動。

　　在如此劇烈的波動之後，價格很難再出現大幅的變化。雖然本圖所用的月線圖屬於比較容易觀察的例子，但即使切換到日線圖、1小時線圖或是15分線圖，通常價格在大起大落之後，都很容易進入整理收斂的局面。換言之，**三角旗整理型就是暴起暴落後價格收斂的變化**

模式。

　　儘管看起來像三角形，但推動市場的唯一力量只有買賣雙方的角力關係，這點我們已經解釋過很多次了。而價格波動的頂點是賣方較多，底部則是買方較多。所以才會形成高點和低點。也就是說，看似將三角旗型的高點壓下的抵抗線，以及將低點托起來的支撐線，背後其實沒有明確的理論根據。純粹是分析市場的人為了分析方便而擅自畫出來的東西，只要價格沒有突破箱型就不會出現大幅度的波動。

▌趨勢線的判斷依據存在不明瞭之處

　　即使用三角旗型進行分析，**最後決定市場是否移動的仍是箱型突破與否**，但限於篇幅，本書無法列舉所有例子。在此就用2018年7月歐元兌英鎊的例子來說明。

　　圖13是歐元兌英鎊的1小時線圖。

　　歐元兌英鎊的價格從7月9日的0.88132，急漲至7月10日的0.89011。前面我們已經解釋過，在這種暴漲暴跌之後，比較容易出現三角旗整理型的型態。

　　在本例中，價格在急漲之後同樣出現了劇烈的起伏。然而，注意高點和低點的部分，兩者皆在7月9日低點與10日高點所圍成的箱型內部。

　　從型態分析的角度來看，馬上就會遇到支撐線到底是7月9日低點與數小時後的另一個低點連成的灰色虛線A，還是與7月10日的低點0.88197連成的實線C之難題。而抵抗線的判斷也會遇到相同的問題。究竟應該把7月10日的高點與同一天的另一個高點連成灰色虛線B，還是與7月11日的高點0.88612連成實線D才對呢？

　　不知道該連哪條線才正確，就無法正確地判斷市場情勢。**由此可見，趨勢線和抵抗線的畫法本身就存在模稜兩可的地方。**

圖13. 哪條才是「正確的線」並不明瞭

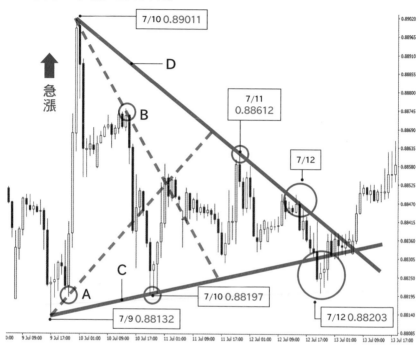

歐元兌英鎊　1小時線　2018年7月

即使向上或向下突破，仍無法確定方向

　　然而就算確定應該連成CD這個三角形，也不代表一切就沒問題了。首先在7月12日，歐元兌英鎊的價格微幅升破了抵抗線。但是沒過多久價格就跌了回去，而且隨後又跌破了支撐線。三角旗型的上下緣都被突破，根本不知道該相信哪邊的訊號。因此，我們無法判斷價格會往哪裡走。

　　所以接下來讓我們加入本書前面介紹過的高低點和箱型分析法，用4小時線重新檢視一下同一時期的歐元兌英鎊（圖14）。

圖14. 直到7/18才出現明確的方向

歐元兌英鎊　4小時線　7月

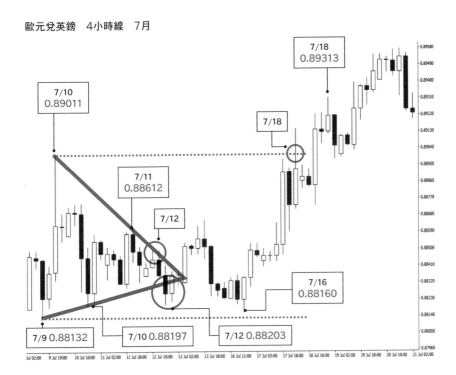

在圖14中，市場直到7月18日向上突破7月10日的高點時，才出現了明確的風向。換句話說是因為箱型被突破，才穩固了上升的動力。在這之前，價格都沒有跌破7月9日的箱型底部，顯示了依循道氏理論和價格變化分析可以得出更合理的判斷。

由此例可以得知，單靠型態分析在交易中派不上用場，趨勢線和支撐線的思考方式，同樣也沒有什麼效果。

頭肩型態的活用法

▌頸線的高度很少剛好相同

　　頭肩型的概念就跟酒田五法中的三尊天井、逆三尊差不多。也有人直接把三尊天井和逆三尊看成三重頂和三重底線形，感覺就是只關注「線形」的粗淺分類方式。

　　關於頭肩型，基本上就跟前面的雙重頂和雙重底是同樣的思維邏輯，但跟雙重頂和雙重底不同的是，只有第二高點的C是頭，所以一定會刷新前一個高點或低點（圖15）。而價格一旦越過B和D連成的頸線，風向便會反轉。

　　頭肩型的注意點就跟前面的雙重頂和雙重底一樣。換句話說，B和D很少會在同一個價格上，所以隨著這兩點的高低位置不同，有時市場會按照頭肩型的理論移動，有時候卻會失靈。簡單來說，能不能

圖15. 基本的頭肩型

頭肩頂

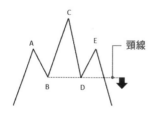

頭肩底

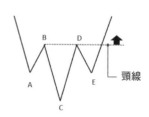

好好運用頭肩型分析法，關鍵仍在於有無檢查K線四值，以及是否理解價格變化的原理。

若同時出現箱型突破，則趨勢轉換的可能性很高

第一種情況是D在B之下，且價格穿越轉折點（圖16）。

在這種情況下，因為D跌破了由B、C圍成的箱型，所以市場風向轉換的可能性很高。因此，只要E沒有漲破C，那麼趨勢就會反轉。而且在E點建立賣倉的話，還可以減少對C的買倉停損時造成的損失。

另一方面，如果是像圖17這種D在BC圍成的箱型內的情況，由於價格沒有穿越轉折點，因此未來仍會在箱型內遊走。這是屬於方向尚未確定的狀況，此時進場交易的風險很高。

留意高低點所在，防備市場的變化

以上，我們介紹了背誦型態和圖表線形來進行分析的問題，以及理解價格變化原理的好處。

本書之所以一再強調這些重點，是因為比起其他的方法，單純地留意高低點位置更能防備大多數的市場變化。

圖16. 與箱型突破重疊的情況

頭肩頂

頭肩底

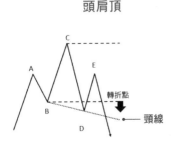

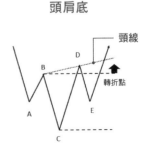

圖17. 與箱型突破不重疊的情況

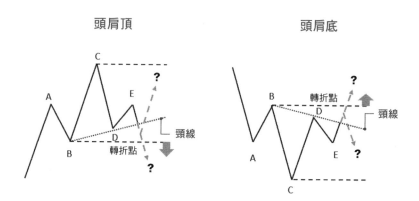

想要長久在金融市場中打滾，並穩定地累積資產，不能只靠「死記」，必須去「理解」才行。而確實檢查Ｋ線四值、追蹤價格的變化，乃是理解的第一步。如果各位能夠理解這點，那麼本書的目的就達成了。希望本書能夠幫助各位投資者以價格變化為根本，建立自己的交易方法。

■作者介紹

田向宏行（Tamukai Hiroyuki）

50多歲。專業投資人。個人投資者。

大學畢業後，曾挑戰資格考試卻失利。因為找不到工作，只好選擇自己創業。在經營事業之餘開始嘗試投資。之後賣掉公司，成為個人投資者。自2007年開始接觸外匯保證金交易。

2009年開始經營部落格「虹色FX」。

2010年開始在月刊《FX攻略.com》的外匯專欄上連載。

2011年開始在「INVAST證券 綜合情報網站INVAST NAVI」上撰寫預測匯率的文章。

2012年開始在西原宏一的電子郵件雜誌上，用DiNapoli分析法進行市場分析。

2016年11月參與日本東京電視台《全球財經衛星》與其他電視節目的演出。

同時也曾擔任外匯和投資相關書籍的企劃與日經廣播電台的節目製作，以及外匯投資講座的活動企劃、報告主筆和《YENSPA!》等雜誌的投稿作家，活躍於各領域。

每週有一半的時間在網球場上揮灑汗水。

著有《1日2回のチャートチェックで手堅く勝てる兼業FX》（自由國民社），中文譯作則有《新手也能穩定獲利的外匯交易入門：低風險、低本金、高獲利！》（台灣東販）。

合著作品有《為替51の法則》、《最短で1億円を築く FXの稼ぎ技230》（スタンダーズ）等書。

部落格（虹色FX）　http://maru3rd.blog85.fc2.com/
推特　　　　　　　https://twitter.com/maru3rd

看懂線圖，新手也能輕鬆賺外匯
低門檻、高勝率的小資理財術！

2019年9月1日初版第一刷發行
2023年2月1日初版第五刷發行

作　　　者	田向宏行	
譯　　　者	陳識中	
副 主 編	陳正芳	
美 術 設 計	黃盈捷	
發 行 人	若森稔雄	
發 行 所	台灣東販股份有限公司	
	＜地址＞台北市南京東路4段130號2F-1	
	＜電話＞（02）2577-8878	
	＜傳真＞（02）2577-8896	
	＜網址＞http://www.tohan.com.tw	
郵撥帳號	1405049-4	
法律顧問	蕭雄淋律師	
總 經 銷	聯合發行股份有限公司	
	＜電話＞（02）2917-8022	

國家圖書館出版品預行編目資料

看懂線圖，新手也能輕鬆賺外匯：
低門檻、高勝率的小資理財術！/
田向宏行著；陳識中譯. -- 初版.
-- 臺北市：臺灣東販，2019.09
208面；14.8×21公分
譯自：ずっと使えるFXチャート
分析の基本
ISBN 978-986-511-102-1（平裝）

1.外匯交易 2.外匯投資 3.投資技術

563.23　　　　　　　108012517

ZUTTO TSUKAERU FX CHART
BUNSEKI NO KIHON
© HIROYUKI TAMUKAI 2018
Originally published in Japan in 2018
by JIYUKOKUMINSHA Co., LTD.
Traditional Chinese translation rights
arranged through
TOHAN CORPORATION, TOKYO.